汉语相互结构研究

周晓君　著

ZHEJIANG UNIVERSITY PRESS
浙江大学出版社

目　录

第一章 绪 论

第一节 研究对象与研究意义

吕叔湘先生(1999:533)在讨论“老张和老李是山东人”和“老张和老李是同乡”这两句话的区别时,认为在第一个句子中,并列成分间的关系是“加而不合”,可以理解成“老张是山东人,老李是山东人”;第二个句子中,并列成分间的关系是“加而且合”,不能说成“老张是同乡,老李是同乡”。“同乡”这类词在逻辑层面上存在对称关系,也就是说如果老张是老李的同乡,老李也一定是老张的同乡。

吕叔湘先生发现的这种“加而且合”的现象不仅在体词性成分中有所体现,在谓词性成分中也同样存在。朱德熙先生(1999:201)指出有一类动词表示的动作有双方面参加,而且这双方面的关系是对称的,如:

谈天 握手 相处 交换 比赛 打仗

他把这类动词称为“对称性动词”。朱德熙先生(1999:201)还提到,含表示相同、相似、不同或相反等意义的谓词性成分的结构也具有对称性,如:

我跟你一样　　　　我的意见跟你相反

出现在含有以上对称性谓词的结构中的论元同样具有“加而且合”的关

系，我们把这种“加而且合”的关系称为相互关系，把表现相互关系的结构称为相互结构(reciprocal construction)。吕先生和朱先生都提到了“对称”，本研究没有使用“对称结构”这一术语，主要原因是“对称结构”通常是指一种句法对称现象(具体请参看周荐，1991；胡增益，1996 等)，如：

[1]好好学习，天天向上。

[2]理想很丰满，现实很骨感。

所以说，对称结构所涵盖的范围比本研究所涉及的相互结构的范围要广得多。

我们把“同乡”“结婚”“打架”“相反”等词称为隐性相互词汇。隐性相互词汇，其相互义是从它的所有的语义特征中提取出来的，比如“打架”包含的语义：至少有两个主体发生肢体接触、击打、相互殴打。相互义只占了其所有语义特征中的一部分，而且只有经过提取才能显现，所以其相互义虽然是固有的，却是以隐性形式存在的，而不是外显的。相互结构不仅可以通过隐性相互词汇进行编码，还可以通过显性相互词汇，如“彼此”“相互”“互相”“相”“互”，以及特殊的句式结构进行编码。显性相互词汇的相互义就是其核心义，除了相互义，显性相互词汇没有或者很少有其他语义。相互结构是指含有以上相互义编码方式的，而且表达相互义的语言结构。如果以上编码形式用于编码其他语义范畴，那么含有以上编码形式的语言结构不属于本研究讨论的相互结构。本研究拟从句法、语义、语用层面对汉语相互结构进行系统考察。

相互义的表达是一种复杂的语言现象。比如，有一类词，在一般情况下也可以不借助其他成分表达相互义，但通常有一个动作发起者，而且在某些情况下还可以表达单向义，如“拥抱”：

[3]此刻，人们都显得十分亲近，不管熟悉不熟悉，纷纷热烈握手、拥抱，共贺新年好。(网络)

[4]我们互相拥抱，互相祝福，互相都传达了能与对方为友的快乐和欣喜。(席慕蓉《朋友》)

[5]春节时一直有个心愿，回家时拥抱一下父母，可我一直没有勇气这

么做。(刘庆芹《夕阳下的那一抹身影》)

例[3][4]中施受双方的动作是双向、相反的;而在例[5]中,是"我"拥抱"父母",也就是说动作是单向的。可见,出现相互义的解读还是单向义的解读是由具体语境而定的。不过"拥抱"表示相互义的情况比较多,表单向义的情况比较少。

而且,即使同表相互义也可能出现不同的解读,如"A 和 B 打架了",既可以理解为 A 和 B 对打,也可以理解成 A 和隐含的主体 C 打架,B 和隐含的主体 D 打架,或者 A、B 一起和 C、D 打架。但一般情况下,我们都会倾向于第一种理解,其他理解通常需要具体语境的支持。

从跨语言的角度来看,相互义的表达形式多样,在不同的语言中有不同的表现形式;相互义的表达方式相当复杂,在形态、句法、语义、语用各个层面都有其特殊的表现,很多语言都有这种特点。汉语中的相互结构与其他语言中的相互结构存在哪些共性和个性还有待我们做进一步的深入考察。

本研究的意义可以总结为以下几点。

(1)深化对汉语相互结构的系统认识,以汉语为基础,与其他语言进行对比和比较,以期提供更多具有类型学意义的实证。

(2)深化对汉语相互结构在句法、语义、语用三个层面的表现形式的认识,从而深化汉语语言学理论对汉语相互结构的研究。

(3)部分汉语相互义表现形式,如"相互""互相""相""互"等在具体使用中存在细微差别,历来是语言教学,特别是对外汉语教学中的难点,同样也是计算机语言处理的难题之一。本研究期望能为语言教学及语言信息处理带来些许启示。

第二节　理论背景、研究方法和研究范围

本研究涉及句法、语义、语用的各个层面,以现有的类型学研究为基础,对汉语中相互义的表现形式的句法结构、语义功能和语用机制展开多角度

的分析。在视点理论和认知语法等相关理论的指导下，注重定性分析和定量分析相结合、历时研究与共时研究相结合。在充分观察语言事实的基础上，以汉语为主，以与其他语言的比较为辅，对汉语中相互义表义结构进行系统梳理，以期找出相关的语言规律。

一、理论背景

(一)视点理论

视点一词源于国外的修辞学和文学批评，指叙述者在叙事时所采用的视角及通过文字所表达的立场观点和语气。视点与时态的关系(van Dijk, 1977, 1981; van Dijk & Kintsch, 1983)与连贯的关系(Brown & Yule, 1983)与句型选择的关系(Harder, 1996)及与语篇的整体建构的关系(Fowler, 1986)一直是语言学研究的焦点。

视点反映了说话人看问题的角度、支配着话语的深层建构，为词语选择、句子关联、语篇分析、语体分析提供了合理的解释。

本研究将以视点理论为基础，考察空间视点对叙述者编码部分空间相互结构的影响，以及观念视点对叙述者在具体语境中选择使用简单相互结构、非连续相互结构、主宾相互结构和隐性论元相互结构的限制与制约。

(二)认知语法的相关理论

相互义看似简单，要对其进行精确界定却相当困难。相互关系根据相互事件的动作参与者的数量的不同、动作发起者的不同、内部是否存在次事件的不同，有强相互和弱相互的区分。类型学的研究结果显示，不同的语言对何为相互义看法不一，相互义和共同义之间很难有清晰的界线，本研究将采用范畴理论来解释相关现象。用图形一背景理论来解释相互结构中参照论元的选择问题；用象似性理论来解释部分句式相互结构的实现方式问题。

由于很多语言现象不是用一两种理论就能解释清楚的，本研究将利用语法化学说对相关现象做出解释。

二、研究方法

（一）共时和历时相结合

任何语言都处在不断发展变化的动态系统中。从历时性角度来看，相互义的实现手段在各个时期都有所不同，表相互义的成分和其他成分的搭配情况也各有差异，我们将从语言演变的角度考察部分相互义表现形式的历时发展情况。

从共时性的角度来看，部分相互义的表义策略可以替换使用，却在语用功能上存在差别。本研究将在分析不同相互义的表义策略的语法性质和语法功能的基础上，考察其语用功能的差异，从认知角度和语体角度寻求其差异存在的动因。

从共时与历时两个角度同时考察，对于认清某些语言现象是必要的。语言的过去与现在是紧密联系着的，察古可以知今，以今也可以证古。本研究拟将共时考察的结论与历时调查的结果进行相互参照。

（二）比较和分析相结合

朱德熙先生（1985）在《语法答问》中曾说过，特点因比较而显，没有比较就没有特点。吕叔湘先生（1990）在《中国文法要略》的"例言"里也说到，要弄明白一种语文的文法，只有应用比较的方法。拿文言词句和文言词句比较，拿白话词句和白话词句比较，这是一种比法。文言里的一句话，白话里怎么说；白话里的一句话，文言里怎么说，这又是一种比较。一句中国话，翻成英语怎么说；一句英语，中国话里如何表达，这又是一种比较。只有比较才能看出多种语文表现法的共同之处和特殊之点。沈家煊先生（1996）也强调，我们不要老是从汉语出发来看别的语言，也应从世界语言来反观汉语，这样做不是要忽视汉语的特点，恰恰相反，是为了对汉语的特点有更深刻的了解。

要想准确地把握语言事实，比较和分析是一种有效的方法。通过比较能找出差异，通过分析能概括出规律。只根据一种语言研究语言共性有理论上和实践上的缺陷，将各种语言事实进行分析比较，或许可以更充分地发现汉语的语言特点。

相互义在各种语言中的界定范围和表现形式都各不相同,在有些语言中甚至没有固定的相互义编码形式。汉语中古代汉语和现代汉语中相互义的编码策略也有差异。通过分析,我们对汉语中相互义的表义方式可以有更为系统和深入的了解;通过比较,我们可以更清楚地认识汉语中的相互义和其他语言中的相互义在编码方式上的异同,从而更进一步地揭示隐藏在语言现象背后的规律。

本研究将以汉语为基础,以与其他语言的比较为辅,探讨相互义表义结构在汉语中的个性,以及在各种语言中的共性,以期从类型学意义上提供更多的实证。

(三)描写和解释相结合

Chomsky(乔姆斯基,1957)认为语言研究的目标,第一步是"描写充分",在此基础上语言学家要努力做到"解释充分"。我们认为,汉语研究也应该如此。

汉语中各种相互义编码形式的形成机制和运作机制各不相同,我们将在深入梳理各种编码形式的句法特征和语义特征的基础上,利用相关的语言学理论分析和解释不同编码形式形成的动因及其存在的理据。

(四)定量和定性相结合

从语料库中提取数据,可以更为客观地揭示相互义的不同表现方式在不同历史时期、不同文体,以及不同作家、作品中的分布情况,更为清晰地观察其历时发展的状况。定量分析能为定性分析提供有力的证据,而定性分析则能为定量分析提供解释。我们将利用定量和定性相结合的分析方法考察部分显性相互词汇在真实语料中的分布情况,以期明确其倾向性的使用情况。

我们将充分吸收和借鉴已有的相关研究成果,对汉语相互结构进行较为系统的研究。

三、研究范围

本研究的范围主要包括以下几个部分。

(1)从人类语言的共性出发,以其他语言为参照,以汉语事实为基础,在总结现有文献的基础上,对相互结构进行界定,对与相互义密切相关的概念进行考察。

(2)考察三种不同的隐性相互词汇,即相互名词、相互动词、相互形容词在相互结构中的句法、语义、语用表现。虽然汉语现有研究已经对相互动词做了较为深入的探索,但还有些方面需要进一步的考察,如简单结构、非连续结构、主宾结构和隐性论元结构出现的语境及各种结构中论元对称等级的差异。

(3)考察两种显性相互词汇,即相互代词和相互性副词在历时和共时性方面不同的句法和语义表现。

(4)考察几种句式相互结构,即并列复句相互结构,以及几个类构式成分,即"W 来 W 去""你 V 我,我 V 你""谁也不 V 谁""N(非相互)VN"结构的不同的句法、语义、语用表现。

(5)考察各种不同相互义表达形式的同现情况及同现限制,从而形成一个较为系统的相互义解读机制。

第三节　语料来源

本研究所采用的汉语语料主要来自北京大学中国语言学研究中心开发的汉语语料库和国家语委现代汉语语料库,并通过网络搜索得到部分语料。古代汉语语料来自北大语料库的古代汉语部分和瀚堂典藏数据库。由于条件所限,我们未能进行大规模的口语语料搜集。文中所用的口语语料一部分来自电视节目和网络视频,另一部分来自日常会话。

为了确保网络语料的合格性,我们尽量挑选语句完整、无歧义的语例;为了增强语料的说服力,我们在选取语料时兼顾不同作家、不同语体的作品,以尽量保持语料选择的平衡。部分语料没有标出处,为自拟例句。其他语种的自拟例句,其合格性都经过本族语使用者的认定。

第二章　相互结构研究现状

从跨语言的事实来看，相互义的表达方式多样，涉及形态、词语、词组、句子各个层面，相互义的表义结构也在句法、语义、语用方面表现出多样性和复杂性。相互结构近年来已经成为各个学派所感兴趣的研究对象。要想对相互结构做出系统而全面地梳理和解释，我们有必要了解一下何为相互关系、相互义和相互结构。

第一节　相互关系、相互义和相互结构

Jesperson 在讨论相互义表义手段时指出，有些动词由于其语义的特殊性，改变主语和宾语的关系，句子意义保持不变。也就是说，如果 A 遇到了 B，那么 B 也遇到了 A；如果 Mary 像 Ann，那么 Ann 也像 Mary。但是，A 可能恨 B，而 B 并不恨 A(Jesperson，1924：161)。所以说类似“遇到”“像”这样的词可以表达相互义，但“恨”这样的词不能表达相互义。也就是说“遇到”“像”出现的结构通常具有以下特点，即“有 A 和 B 两个参与者，如果 A 和 B 的位置互换，句子的意义保持不变” (Lichtenberk，1985：21)。

Haspelmath(2007：2088)认为相互关系是指“在两个或者多个动作参与者(A，B，……)中，至少有两个动作参与者 A 和 B，A 和 B 间的关系和 B 和

A 间的关系是一样的"。

徐峰(1998)从逻辑角度出发,对相互关系进行了定义:在对象甲与乙间,如果甲对乙有某种关系,而乙对甲也有同样的关系。设两个关系项分别为 a 和 b,两个关系项间的关系为 R,如果有 aRb,那么就一定有 bRa。

本研究所指的相互关系是从语义角度出发的,并不是所有两个论元可以互换的结构都可以用于表达相互关系。如互文中的"主人下马客在船",换成"客下马主人在船",意思不变。但两个动作参与者的动作是独立进行的,从语义上来说并不构成相互关系。

Lichtenberk 和徐峰都是以动作参与者数量为二的原型相互关系出发对相互关系进行定义的。Haspelmath 在定义中增加了动作参与者的数量,与实际情形较为接近,但还是存在一个问题,即如何与共同义进行区分。在 Haspelmath 定义的基础上,我们借用吕叔湘先生"加而且合"的说法,认为相互关系是指在两个或者多个动作参与者(A,B,……)中,至少有两个动作参与者 A 和 B,A 和 B 间的关系和 B 和 A 的关系是一样的,而且这种关系是一种"加而且合"的关系。

我们把表达相互关系的语义范畴称为相互义,把用于编码相互义的结构称为相互结构。下面我们将通过具体例子对相互现象做进一步的阐释,总的来说相互结构具有以下特点。

1. 论元关系可以逆反

张三和李四是朋友。

在例句中,张三和李四的关系与李四和张三的关系是一样的。也就是说,如果张三是李四的朋友,那么我们可以推导出李四是张三的朋友。

2. 论元具有相同的语义角色

张三和李四打架了。

在例句中张三和李四同时既为施事者又为受事者。也就是说,上例可以进行拆分:

*张三打了李四。

*李四打了张三。

在相互性事件中两个或者多个次事件往往被整合在一个相互结构中。

3.论元关系具有加而且合的特征

加而且合的特征是指在两个或者多个动作参与者中，如果只出现一个动作者，相互结构不能成立。除非出现省略现象，如：

张三和李四是朋友。

*张三是朋友。

*李四是朋友。

我们肯定会问，张三是谁的朋友？李四是谁的朋友？当然有些动词允准论元省略，如：

张三结婚了。

但我们可以判断出隐性论元的存在，即张三肯定有一个结婚对象。所以说在相互性情形中论元间的关系是相互依存的。

为了能对相互义做进一步的了解，我们再来看看国内外学者是如何对其进行分类的。

第二节　相互义的分类

一、国外关于相互义的分类

国外对相互义进行分类是从形式语义学开始的，如 Langendoen(1978)按照英语中"each other"和"one another"的语义表现出的相互性强弱等级，区分出六种相互语义类型。Dalrymple(1998)等同样基于此前提，分出强相互、中等相互和弱相互，又在中等相互和弱相互下分出多种次类型。

Evans(2003)等人从"each other"和"one another"的语义表现出发，认为相互义可以分为强相互义和弱相互义，弱相互义又含有多种次类，例如：强相互义(strong)、成对(pairwise)、混搭(melee)、相邻(adjacent)、链状(chained)、辐射(radiation)。

1. The members of this family love one another.

这家人相亲相爱。

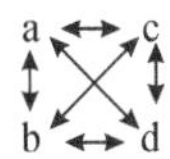

图 2-1　强相互义

2. The people at the dinner party were married to one another.

参加宴会的都是成对的夫妻。

a ↔ b
c ↔ d
e ↔ f

图 2-2　成对

3. The drunks in the pub were punching one another.

酒馆里的醉汉互相殴打。

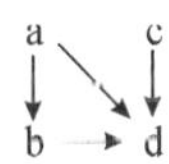

图 2-3　混搭

4. The children are sitting alongside each other on the bench.

孩子们坐在椅子上，一字排开。

a ↔ b ↔ c ↔ d

图 2-4　相邻

5. The graduating students followed one another up onto the stage.

毕业生挨个走上台。

a → b → c → d

图 2-5　链状

6. The teacher and the pupils intimidated one another.

老师和学生互相恐吓。

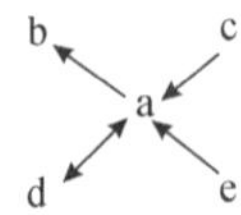

图 2-6　辐射

Evans(2011)后来又增加了一种语义类型,即环状。

7. The children chased each other round in a ring.　(环状)

孩子们绕着一个圆互相追赶。

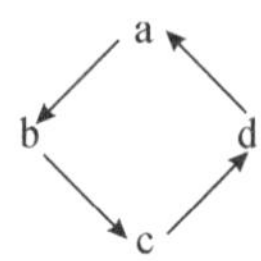

图 2-7　环状

其实这种链状义和环状义基本上没有什么区别。如果动作参与者集合中的任何两个成员都有互为施受的关系,我们把表达这种相互关系的语义称为强相互义。以上的分类都是以英语中"each other"和"one another"的用法为基础的。在 Evans 的分类中,属弱相互义的链状义、环状义和混搭义并不能纳入相互义的范畴,因为根据我们对相互关系的定义,动作参与者集合中必须存在两个成员 A 和 B,其中 A 对 B 的关系和 B 对 A 的关系是一样的,而在链状义、环状义和混搭义动作全部都是单向的。所以我们认为典型的弱相互义包括成对、辐射和相邻。虽然这几种弱相互义是根据英语"each other"和"one another"的用法归纳出来的,但汉语中的相互动词、相互代词、相互副词和句式相互结构也可以用于编码这些弱相互义。

二、国内关于相互义的分类

国内的相互义研究以动词为主,所以关于相互义的分类也是以相互动词的不同语义表现为基础的。

(一)基于构词语素的分类

汉语中含有丰富的表相互义的构词语素,如"相""互""合""对""会"

“结”“交”(李临定,1990)。在古汉语中,它们大多作为副词修饰其后的动词,在双音化的推动下,与其后部分动词凝固成词。王颖(2008:14)根据构词语素的表义差别,将其分为九类,即对比类、争斗类、分合类、商谈类、相互类、交会类、联结类、共同类、其他。这种分类方式纷繁复杂、容易混淆。例如,各个次类并不属于同一个层级,原本就是对相互类型进行分类,却在词类划分时又出现相互类。而且共同和相互本应该属于同一层级,在对相互义的分类中再划分出共同类,显得比较混乱。王颖在其他类中所举的例子是“接合、通气、并重、配合、勾结、好”“接”“通”“并”“勾”也是相互义的构词语素,是否也应单列一类,值得商榷。所以这种分类虽然有其价值,但也还存在许多问题。

(二)基于论元关系的分类

陶红印(1987)认为在相互动词句中名词的关系可以是“彼此相加”,如:

风、雨、土混在一处,连成一片。

还有一部分是具有一种“交互”的关系。所谓交互关系即各名词互为施受,每一方对另一方有同样的动作,如:

连长和指导员配合得好,连里工作很快就搞上去了。

还有一种情况,主语名词也无所谓施受,但主语在意念上是相互平等的,如:

北京和天津相距不远。

其中“彼此相加”好像说的还是有些模糊,因为我们认为相互关系应该是“加而且合”。总的来说,陶红印根据论元关系做出的分类较为清晰,可惜没有深入展开。

张谊生(1996)在《交互类短语与连介兼类词的分化》一文中提出,在“N_1(刚才)跟 N_2 打架了”这样的句子中,“跟”是介词,“N_1”和“N_2”的地位是不平等的,两者表现为主从关系;“N_1 跟 N_2(彼此)很相似”,“跟”是连词,“N_1”和“N_2”的地位是对等的;“N_1 跟 N_2(都)打架了”,“跟”是连词,“N_1”和“N_2”间是一种联合关系。张谊生把交互动词分为主从交互和对等交互,并认为不管是主从交互还是对等交互,"N_1"和"N_2"都是一种联合关系。他注意到了相互结构中论元的地位可能存在主次的差别,较以往研究更进了一步。

总的来说,国内的分类是在对相互动词进行研究的基础上展开。所以得出的分类结果也只适用于动词。国外的分类是基于"each other"和"one another"的使用语境得出,考察范围相对来说更为宽泛。两种分类不在同一视角下进行,都有其可取之处。

第三节　相互结构研究现状

相互义看似简单,其实要对相互义做出准确的界定是一件非常困难的事情。所以,尽管国内外学界都对语言中的相互现象做了或多或少的研究,但直到现在还未能给相互义做出一个清晰的界定。不同的研究者根据研究目的的不同,所指的相互义的范围也会不同。本节将对国内外关于相互义表义结构的代表性成果进行综观,并提出一些看法,为后续研究做相关的准备。

一、国外相互结构研究现状

虽然 Jesperson 早在 1924 年就注意到了语言中存在相互义表达形式,但这一问题一直未引起语言学界的足够重视,直到 20 世纪 70 年代相互义在语言中的编码形式才真正成为语言学研究的对象。

(一)生成语法和生成语义学与相互结构研究

形式语义学派对相互结构研究得相对较早,形式语义学派所谓的相互结构是指含有"each other"的结构。其主要研究兴趣是英语中表示相互性的成分"each other"中的"other"是如何向"each"漂移的(Fiengo & Lasnik, 1973;Dougherty, 1974; Langendoen, 1978; Higginbotham, 1980; Langendoen & Magloire, 2003),其主要研究方法是从共时的移位分析,来总结"each other"的语法化路径，认为其演变方式是从“The earls each hated the/an[①] other”或者“The earls hated one the/an other”到“The earls hated each other/one another”(Plank，2008)。形式语义学派通过一系列复杂的形式移位，指出在像英语、德语、法语、意大利语和西班牙语这样的语言中，二元名词词组“each other”中的两个成分整合为逻辑形式中的一个量词，经由λ算子给动作参与者集合中的不同成员指派适当的施事/受事角色。但是，从共时的移位分析来总结“each other”的语法化路径是否有其科学依据，还有待进一步验证。

早期的生成语法学派把相互义表达手段，如“each other”和自反义表达手段，如“-self”，放在同等重要的位置，即都放在照应词范畴下进行讨论(Chomsky，1981、1986)。近年来，学者们对于像“himself”这样的照应词进行了大量的讨论，管辖理论(Binding Theory)也在此基础上被不断地修正。而相互义的研究好像并没有引起学界太大的兴趣，20 世纪 90 年代，相互义表义形式“each other”才真正吸引了生成语法学派的注意力，尤其是用管约论来讨论其区域限制问题的研究成果越来越多。

Heim(1991)等人借助生成语法中的管约论，在句法和语义层面上分析了含“each other”的相互结构的歧义理解和辖域问题。研究结果显示相互结构中主语的复数特性是造成照应词“each other”产生歧义的重要原因。作者认为“each other”经历了逻辑形式移位(LF-movement)，所以“each”管辖着 c 统治的句法位置中的一个语迹。如果按照这种移位分析，“each other”被解读为分配策略(distributive strategy)，即“each... the other”的可能性更大，可这是与“each other”一般用于表达强相互义这一事实相悖的。Heim 注意到了“each other”在使用中会产生歧义这一现象，但关于“each other”的歧义的研究到现在为止都还不是很充分。特别是与英语中“each other”对应的汉语中的含“彼此”“都……对方”结构是否会产生歧义还有待学界进一步考察。

Dalrymple(1998)等人通过形式刻画，把含“each other”的各种可能存在

---

① 英语和德语用的是不定冠词，罗曼语用的是定冠词。

的相互结构进行参数化处理，并分成三大类型：强相互结构、中等相互结构、弱相互结构。作者认为"each other"本身并没有歧义性，其意义表达也不直接受语用条件的制约。相互义的语义从相互义表达的小型库藏中提取。在给定的语境中，相互义可以通过先行词、辖域、语境进行预测。Dalrymple 等人认为"each other"作为相互义算子并不直接参与"管辖(binding)"，而只起到一种类派生的作用。

Dalrymple 等人对"each other"所表达的语义类型的划分非常细致，当然有些"each other"并没有表达相互义，比如弱相互义中的链状关系。而且我们并不认为相互结构本身没有歧义性，我们认为有些"each other"是存在歧义现象的，如：

John and Paul said that they saw each other.

John 和 Paul 都说他们看到了对方。

* John and Paul said that they (John and Paul) saw each other.

John 和 Paul 都说他们彼此看到了对方。

* John said that he saw Paul, and Paul said that he saw John.

John 说他看到了 Paul，Paul 说他看到了 John.

而这种歧义只能通过具体语境来消除。

Philip(2000)通过心理实验，分别用英语中的"each other"、挪威语中的"hverandre"、荷兰语中的"elkaar"对比了成年人和儿童在理解相互性代词上的差异。传统的生成语法认为人们对相互代词的理解更多地依赖语义，得到的结果较为统一，遵循普遍语法。但实验发现，儿童对相互代词的理解大多存在过度概括现象，与成年人的理解存在很大差异；即使成年人对同一代词的理解也有出入。研究结果表明，对相互代词理解的限制更多地来自语用方面，而非语义方面。此项研究结果对生成语法的相关理论进行了修正。这也从另一个侧面反映了相互义表达的复杂性问题。Philip 通过实证手段来研究语言中的相互现象，并对相关理论进行了修正，实现了方法上和理论上的创新与突破。

Everaert(2008)认为相互义照应词"each other"不能允许长距离管辖，

但相互义照应词是否真的只能局限在辖域内，还有待进一步研究。所以说，对于相互义照应词的辖域问题，不论是在理论研究还是实证研究方面都还有待进一步深入。

总的来说，形式学派以“each other”作为主要研究对象，研究范围还是比较狭隘。他们考察的范围是出现“each other”的所有结构，对“each other”是否真正地表达相互义并不关心，却把一些并非真正表达相互义的语义放在弱相互义中，如链状义。其实链状义不能纳入相互义的范畴，而只是相互标记“each other”一种非相互的拓展性的用法所表达的语义。

（二）类型学和相互结构研究

当一部分学者致力于用生成语言学解释语言中的一部分相互义表达形式的同时，还有一部分学者把注意力放在了语言的类型研究上，而且类型学研究是近年来相互义研究的重点。

传统相互结构研究主要以英语中的“each other”为标准。与英语类似，一部分语言的相互义用重复的量词或者类指名词来编码，如曼马里语（Man Meri）语中的“mōle mōle”结构（Kruspe，2011）、耶里多涅语（Yélî Dnye）中的“woni-woni”结构（Levinson，2011）和萨沃语（Savo）中的“mapa-mapa”结构（Wenger，2011）。有些语言重复表“反转（return）”或者“直接（straight）”义的副词来实现相互义，如萨非吉语（Tsafiki）中的“beko-beko”（Dickinson，2011），布鲁普语（Barupu）中的“báru-báru”（Corris，2006）和卡雅迪德语（Kayardild）中的“junkuyunku”（Evans，1995）。其实，从语言类型学的角度来看，用“each other”这样的结构来表达相互义并不具有普遍性。在各种语言中，相互义的编码方式的多样性是其他很多语义范畴都无法比拟的。从构成成分上来看，不论是名词、动词、形容词、代词、副词、助词或者这些成分的某些组合形式都可以用于相互义的编码；从语法层次上来看，相互义的表达形式囊括了词缀、语素、词、词组、并列复句等多种形式；从跨语言角度来看，相互义的编码手段，以及其多义性的不同表现形式都多得难以置信（Nedjalkov，2007：xxii）。

1. 相互义编码类型和相互结构

较早地将相互义纳入类型学研究的是 Maslova 和 Nedjalkov(2005),他们把相互结构分成两类:象似和非象似。象似结构又可以分为普通并列复句结构和规约结构。

(1)普通并列复句结构

张三爱李四,李四也爱张三。

(2)规约结构

Godié (Marchese,1986:231)

wa　　wà-wà.

他们　　爱　爱

他们彼此相爱。

(1)(2)中的相互义是由动词的重复来实现的。

非象似结构的编码形式种类较多,包括代词、副词、词缀等。他们认为按自反义编码形式和相互义编码形式是否同标,也可以区分语言类型。其实,不论是按象似和非象似、自反义编码形式和相互义编码形式是否同标来区分语言类型都是一种很宽泛的标准。

König 和 Kokutani(2006)借用了 Faltz(1985)研究自反标记的框架,将相互结构分为"体词性相互结构"和"谓词性相互结构"。"体词性相互结构"的实现方式包括"代词手段"和"量化手段";"谓词性相互结构"包括"合成(synthetic)相互结构"和"复合(compound)相互结构"。

(3)代词手段

德语 (König & Kokutani,2006:284)

Seitdem　meiden　sich　die　beiden　professoren.

从那个时候　避免　自反/相互　这　两个　教授

从那个时候起,这两个教授就都在逃避对方。

(4)量化手段

英语

John and Peter hate each other.

John 和 Peter 都恨对方。

(5)合成策略

斯瓦希里语

Ali na Fatuma wa- na- pend- an- a.

Ali 和 Fatuma 第三人称复数—现在时—爱—相互—结尾元音

Ali 和 Fatuma 都爱着对方。

(6)复合策略

汉语

你们就不要推来推去了。

英语

John pinched Mary, and Mary pinched John.

John 捏了 Mary,Mary 也捏了 John。

汉语

张三爱上了李四,李四也爱上了张三。

可是 König 和 Kokutani 所阐述的这几种类型不能涵盖所有的相互义表义结构,并列复句结构也是实现相互义的一种典型方式。

Nedjalkov(2007)将相互义表义结构分为“语法相互结构”和“词汇相互结构”。“语法相互结构”的实现手段有三种:句法、形态、附着词。其中,句法手段包括:并列复句手段和自由标记手段。自由标记手段,如汉语中的“相互”“互相”;形态手段包括迂回结构(如分词+助动词)、复合词、动词策略(如加前缀)、加重复性标记的动词。Nedjalkov 的分类较为清晰,但对所谓的自由标记结构未做太多的解释,如果“相互”“互相”属于自由标记手段,那么“彼此”是否也可以包括在内?

Haspelmath(2007)将相互结构分为隐性结构和显性结构;显性结构包括自由表义结构和特殊表义结构;特殊表义结构包括并列复句形式和单句

形式;单句形式下再分词汇相互结构和语法相互结构。所谓的隐性结构是指像“张三和李四打架了”这种有歧义的结构,也就是说要在具体语境中才能判断张三和李四间是否真正存在相互关系;自由表义结构是指并列复句相互结构;特殊表义结构是指单句层面的由相互义编码形式实现的相互结构。

Evans(2008)把相互结构的表义方式分为“单句策略”和“复句策略”,这基本上和 Haspelmath(2007)的观点一致。Evans 对单句下的小类的区分与 König 和 Kokutani(2006)的基本相同。在此基础上,Evans 又增加了两种类型,即“合并(conjunct)策略”和“副词策略”。合并策略会使价减少(如:张三和李四相恋了);“副词策略”是指借助“相互”“互相”等修饰语表达相互义。“副词策略”是汉语中表达相互义的典型手段(如:他们互相攻击)。Evans 还把“复句策略”分成了三个小类。

①规约性的并列复句相互结构。

Yidiny (Dickinson,1977:380)

bama:-l　　ŋaŋaŋ　　bun　ḍa:-ɲ　　/　ɲayu

人一作格　第一人称单数一宾格　打　过去时　第一人称单数-作格

bama　ḍaybaɽ　bun　ḍa:-ɲ.

人一宾格　反过来　打　过去时

那个人打了我,我也打了他。

②曲折总结性(zigzag summative)相互结构。

这类结构有指称转换的标记。

Amele(Roberts,1987:132)

Age　qet-u-do-co-b

第三人称复数　砍一谓词标记一第三人称单数一不同的主语一第三人称单数

qet-u-do-co-b　eig-a.

砍一谓词标记一第三人称单数一不同的主语一第三人称单数　第三人称复数一今天的过去

他们互相砍了对方。

③融合的多动词结构相互结构。

这类结构把相互标记词整合到动词词干中。

日语(Nishigauchi,1992:157)

John と Mary が 爱し 合っ ている。

John 和 Mary 主格标记 爱 相互 持续体标记

John 和 Mary 相爱。

Evans 的分类是以以往的研究为基础的,概括得较为全面。

Moyse-Faurie(2008)考察了一些语言中相互结构的特殊结构变体,并据此归纳出四种典型的相互性标记策略:(1)前缀;(2)前缀加后缀,或者环缀(circumfix);(3)前缀加代词;(4)前缀加后缀、前缀加代词两种手段的结合。动词相互性标记和代词论元相结合是一种很特别的现象。这种结构即使是在单句中也可以为动作参与者提供两个句法槽。在喀里多尼亚语中可以找到这样的例子。

喀里多尼亚语(Moyse-Faurie,2008:120)

Pa-Mwâjoaru pu-tia nyärä nëëra.

集合—Mwâjoaru 相互—分裂 第三人称复数 今天

Mwâjoaru 今天分裂了。

动词"pu-tia"虽然带有相互性标记,但仍然处在二价动词的句法框架中,带有两个论元,即"Mwâjoaru"和"nyärä(他们)",这和一般情况下动词加上相互性标记会出现价减少的现象相左。第四种策略中,两个词缀和代词结合的例子,可以在百斯语中找到。

百斯语(Moyse-Faurie,2008:121)

ru pi-ucâ-rî ru.

第三人称双数 相互—看—及物 第三人称双数

他们都看着对方。

这种分类是根据一些语言中相互结构的特殊结构变体得出的。Moyse-Faurie 虽然提到了大洋洲语言中相互性标记在分布特征和形态句法特征上的几种变异类型,但这些类型还不足以概括世界上所有语言的变异类型。

这种分类不具有普遍性，却能为类型学研究提供实证。

2. 价类型和相互结构

考察不同相互结构中谓词的价变化是类型学研究所关心的另一个问题。Nedjalkov(2007:22)认为谓词是否会有价的变化取决于限定它的相互标记在多义性中属于哪种类型：如果一个标记既可以表示自反义又可以表示相互义，则表现为价减少；如果某个标记既可以表示相互义又可以表示共同义，则表现为价增加；如果既可以表示重复义又可以表示相互义，则保持价不变。Nedjalkov 在描述时未提供具体用例，价减少、价增加和保持价不变是以什么为参照也不明确，而且根据相互标记的多义性进行的区分是否具有普适性还需要有更多语言事实来验证。

Maslova(2008)和 Siloni(2002)也分别采用了价标准，对相互谓词进行分类。Maslova 认为如果相互结构只给相互事件的动作参与者提供一个句法槽，那么这种策略称为"单元"策略；如果相互结构可以给相互事件的动作参与者提供两个句法槽，那么这种策略被称为"二元"策略。比如英语中由"each other"编码的相互结构，就是"单元"的，也就是说，相互事件的动作参与者只能进入形态句法槽的主语槽。在粤语中，动作参与者可以进入两个句法槽，即说语者占据一个句法槽，指称对象占据另一个句法槽。

粤语(Matthews & Yip,1994: 87)

Ngóh béi-min kéuih kéuih béi-min ngóh.

我 给一脸 他 他 给一脸 我

我和他互相尊重。

当然，这种"二元"策略不是粤语所特有，这种"二元"现象一般出现在并列复句结构中。也就是说，Maslova(2008)和 Siloni(2002)只考虑了谓词价的不同，而没有考虑单句和复句的区分。

König 和 Kokutani(2006)及 Evans(2008)都认为"复句策略"一般是二元的，单句中的动词策略和代词策略，要么是单元的要么是二元的。单句中动词为二价的例子如：

Tonga（Collins，1962：74）

Joni　ba-la-yand-ana　amukaintu　wakwe

Joni　第三人称复数—现在时—爱—相互　妻子　他的

Joni 和他的妻子都爱着对方。

像在喀里多尼亚语中，即使动词带有相互性标记，仍可以为动作参与者提供两个论元的位置，这种现象在欧洲语言中极为普遍，如，非连续的相互性结构（Nedjalkov，2007；Dimitriadis，2008；Rákosi，2008）。Rákosi 认为把非连续的相互性结构归入二元结构是因为伴随词组具有论元的地位而非修饰语的地位，如：

德语

Hans　schlägt　sich　mit　Fritz.

Hans　打　自反/相互　跟　Fritz

Hans 跟 Fritz 打架。

英语

John fights with Mary.

John 和 Mary 打架。

汉语

那个孩子和他的父亲很像。

König 和 Kokutani（2006）及 Evans（2008）区分了单句和复句，比以上学者的分类更进了一步。

Maslova（2008）把单元的相互性结构分为了两个小类：（1）动词价减少；（2）论元占两个句法槽，但一个论元的位置是固定的，如英语中的"each other"总是占据宾语的位置。他又把二元相互结构分为单句和复句。Maslova 把"each other"作为一个特殊的类来看待，进行了更为细致的分类。

Siloni（2008）也基本上采用了类似的参数区分不同的相互性结构类型。Siloni 认为相互义的表达形式基本上可以分为两类，这两类不包括复句形式。其中，第一种是量化策略，如英语中的"each other"，俄语中的"drug druga"；第二种是相互性动词。相互性动词又分为两类，即内在性动词和派生性动词。内在性动词自身可以表达相互义；派生相互结构需要借助辅助手段来表达相互义，其相互义既可以由词汇派生而来，也可以由增加句法成分来实现。一般的分类都以形态句法作为标准，而 Siloni 主要根据词汇的不同特点对相互义进行分类。

类型学研究考察了大量的语言事实，主要以相互义的编码形式和价变化为依据，对语言类型进行划分。类型学研究在对相互结构的研究上取得的成果是较为丰硕的。这也为我们研究语言的共性和个性提供了有力的支撑。

（三）历时发展、共时结构与相互义研究

现有的研究多从共时角度出发，关于相互结构历时发展的系统研究相对较少。Hass(2007,2010)以中世纪英语语料库和现代英语语料库为基础，系统考察了英语中“each other”的语法化和词汇化问题，从语法的动态性出发，探讨了现代英语中使用的相互义表义形式的历时发展情况。作者从相互义表义结构刚刚成型的中世纪时期英语入手，考察了相互结构词法、句法方面的演变。研究表明现代英语中的相互义表义方式是各种表达方式在相互竞争中形成的。各种结构的组构和分布与其在历时意义上的细微差别和搭配习惯密切相关。Hass 在考察历时发展的同时，也兼顾了共时层面的研究，基于语料库的自然语言的定性和定量分析为此研究提供了进一步的证据。Hass 关于“each other”的研究应该是最为系统和全面的，为我们如何研究汉语中相互结构的共时和历时层面的现象提供了很多具有借鉴意义的理论和方法。Hass 做的是英语中“each other”的个案研究。现有基于语言类型学的相互义表义方式的研究相对较少。

学者对历时方面的关注还是相对较少，有些只是在研究其他问题，如自反义时，顺带提及相互义的演变情况。根据现有的一些关于历时方面的个案研究，Nedjalkov(2007:17)总结出了一些规律，认为从历时方面来看，世界上许多语言的相互义的演变与发展都遵循以下共性：(1)自反义—相互义；(2)相互义—共同义；(3)相互义—反复义。Moyse-Faurie 注意到大洋洲语言中自反义和相互义表达在历时发展的关系上存在的一些反常现象。部分语言中相互性标记的历时演变路径是从相互义中发展出自反义，这种演变路径在语言类型上极为罕见，如：

Hmwaveke（Moyse-Faurie，2008：123）

le	ve-caina	le.
第三人称复数	前缀—了解	第三人称复数

他们互相了解。/他们了解他们自己。

而汉语中的“V 来 V 去”结构是从重复义中发展出相互义。关于相互义的表义形式的演变和发展的研究还是一个相对薄弱的环节，有很多值得进一步探讨的问题。

二、国内相互结构研究现状

国内较早注意到“相互”现象的当数朱德熙先生。他（朱德熙，1999：201）指出有一类动词表示的动作都有双方面参加，而且这双方面的关系是对称的，如：

谈天　握手　相处　交换　比赛　打仗

他把这类动词称为“对称性动词”。朱德熙先生（1999：201）还提到，含表示相同、相似、不同或相反等意义的谓词性成分的结构也具有对称性，如：

我跟你一样　　　　我的意见跟你相反

不过，他只是指出了汉语中存在这么一种语言现象，而未对此概念做出界定，更未做深入探讨。而且相互性不仅可以通过谓词性成分来体现，还可以通过体词性成分来体现，如“同乡”。吕叔湘先生（1999）指出在“老张和老李是同乡”这个句子中，“同乡”表达的是一种“加而且合”的关系，也就是说老张和老李是互为同乡的关系。

汉语语言学界，继朱德熙先生提出“对称性动词”后，很多学者都不同程度地提到了此类现象，虽然所用的术语不尽相同。汉语相互义的研究主要集中在相互性动词、相互性形容词和相互性名词上，其中以相互性动词的配价问题为研究热点。

(一)相互动词、相互形容词、相互名词研究

1.相互动词研究

相互动词的研究主要集中在句法、语义层面，对语用方面的关注较少，其中在相互动词的配价方面取得的研究成果最为显著。

陶红印(1987)对相互动词的句法、语义特征做了较为系统的描述。他提到，有些动作是多个参与者交互的，如“相遇”“结婚”；有些动作是多个参与者共有的，如“云集”“聊天”；或者动作的结果对各方是平等的，如“绝交”。陶红印指出，根据动作是多个参与者交互或者动作是多个参与者共有，可以把相互动词分为两类。朱德熙先生所说的“对称性动词”是他所讨论的相互动词的一部分。朱先生讨论的“对称性动词”主要表示多个参与者交互的动作。

该文以句法描写为主，语义分析为辅。主要讨论了“NP_1＋和＋NP_2＋V”和“NP_1＋V＋NP_2”句型中相互动词的语法特点、名词的语义特征和介词短语的句法表现等问题。该文认为相互动词因为书面语色彩浓厚，基本上没有重叠式，“云集”等词不能带“了”和“过”，是因为动作没有“完成、变化”等特征。

文章虽然注意到“相互动词”根据语义的不同可以分类，但对不同的类在语义和句法上会有怎样的不同表现却未具体阐述。

袁毓林(1989,1998,2010)把这类词称为协同动词，他认为协同动词表示的动作、状态是由两个或者两个以上的个体协同作用而形成的，这类词包括“搏斗”“结婚”“通航”等。这类动词在句法上要求其主语是由两个或者两个以上的名词性成分构成的联合词组，或者是表示复数的词或者词组，或者两个名词性成分的其中一个由介词引入。该文主要从配价角度讨论了协同动词的语义特征和句法表现，考察了协同动词对其论元的选择限制及协同动词句的深层的语义结构在表层的句法结构中的实现模式。该文所谓的协同动词也包括了表共同义的动词，其从配价方面做出的分析还是比较全面的。

张谊生(1997)把这类词称为交互动词,其研究主要从配价方面展开。他认为交互动词可以通过句法表现来确定,如能同时进入框架如(1)N_1 跟 N_2 __(O)或(2)SN_S __(O)的是严格意义上的交互动词,以此来区分准交互动词,如“道歉”“翻脸”和伪交互动词“谦让”“制约”。“翻脸”可以同时进入两个框架,又被归入准交互动词,可见,还是没有能够解决什么样的动词才算严格的交互动词。

该文首先将交互动词分为二价交互动词和三价交互动词,然后又据此归纳出六个小类。最后对交互动词的句法功能和语义角色、语义配置、与其共现的体词的生命度特征进行了多角度的分析和研究。

王颖(2008)在前人研究的基础上,从句法、语义、语用方面对相互动词进行了更为深入的系统考察。她把这类动词称为交互动词。该文探讨了交互动词与副词“一起”“都”的共现,考察了“互相”“之间”对交互动词交互义的强调作用等问题,但其研究主要还是以配价为基础。

李玲玲(2010)以《史记》中的交互动词为研究对象,基于配价语法理论,对《史记》中交互动词进行了配价、句法方面的研究。不过其中的语义分类有些烦琐,本书对古汉语中交互动词的句法表现进行了相关阐释,发现了古代汉语中相互义表义结构与现代汉语相互义表义结构的异同,是对当前汉语交互动词的研究的一个补充。

李新良(2013)基于功能主义与认知语言学的方法,考察了协同动词,即本书所指的相互动词,带宾语现象的语义后果、机制和动因。李新良一文认为动词前后两个名词性成分分别被“施事化”“话题化”,和“受事化”“焦点化”是协同动词带宾语现象的语义后果。这种语义后果是两个名词性成分的认知显著性在不同层面的投射,其实现的语法机制是句式套用和词项的代入,语用动因是表达的简洁性和表意的准确性。李新良的研究把协同动词的研究视角从以句法、语义为主转向了句法、语义、语用相结合,为研究提供了新的思路。

2.相互形容词研究

朱德熙先生(1982/1999)在《语法讲义》中提及“一样”“相反”“差不多”

“不同”等谓词性成分也具有对称性。但由于动词和形容词的功能有很多相似的地方，所以学者们大多在讨论相互性动词时，举例性地提到相互性形容词（陶红印，1982；袁毓林，1989）。对相互性形容词讨论较多的有刘丹青和谭景春。

刘丹青（1987）把这类词称为“相向形容词”，主要考察了相向形容词和名词的同现关系，其本质是研究相向形容词的配价问题。文章指出，从句法特点上来看，相向形容词一般要求至少两个名词性成分与其共现，名词性成分的位置可能会不一致，但如果互换，句子意义保持不变。但是相向形容词内部是否存在小类，具体的相向形容词句法表现是否存在差异，该文并没有涉及。

谭景春（1992）并没有单独讨论相互形容词，他只是在讨论“多指形容词”时提到了这个问题。他认为，“相同”“相似”“相仿”“相像”“类似”“一致”“一样”“分歧”“相称”等词含有比较的意义，表示双方或多方的同与不同；还有一类表示彼此关系的亲疏、远近等意义，这些词表示人际关系，关系至少是两方，仅一方不存在相互关系，由此和这类词发生关联的必须是复数性的体词成分，这类词有“密切”“要好”“有缘”等。由于相互形容词并不是谭景春的主要研究对象，所以他的分析也只是停留在表面层次上。

3. 相互名词研究

吕叔湘先生（1999）较早地注意到“老张和老李是同乡”“老张和老李是山东人”的内在差异，指出在“老张和老李是同乡”这句话中，“老张”和“老李”的关系是“加而且合”，在“老张和老李是山东人”这句话中“老张”和“老李”的关系是“加而不合”，“同乡”这类词属于本书要考察的相互名词的范畴。

学界对相互性名词的关注不是很多，著专文论述这个问题的只有周国光（1990）。文章考察了“老张和老李是同乡”“老张和老李是山东人”这两类句子在语义特征和句法特征方面的异同，从而区分了“关系集合名词”和“属性结合名词”这一对概念。“关系集合名词”根据集合内部各元素的关系，又可以分为“对称关系集合名词”和“逆向关系集合名词”。所谓的“对称关系”

是指集合内部各成员，如果元素 a 对元素 b 有关系 R，那么元素 b 对元素 a 也同样具有这种关系。比如，如果张三是李四的朋友，那么李四也肯定是张三的朋友。所谓的“逆向关系”是指集合内部各成员，如果元素 a 对元素 b 有关系 R_1，而元素 b 则对元素 a 有与关系 R_1 相对的关系 R_2。比如，曹操是曹丕的父亲，曹丕是曹操的儿子，曹操和曹丕是父子。该文考察的对象是“同乡”这类表社会关系的词。其实相互名词还包括像“附近”“隔壁”这类表空间关系的词，而对于这类词的句法、语义、语用特征的考察还没有引起学界的注意。

4. 相互动词、相互形容词、相互名词的综合研究

刘丹青(2000)对这类词的研究是最为系统的，他在以往研究的基础上，以配价理论为框架，总结了相互动词、相互名词、相互形容词在句法和语义表现上的共性。研究结果表明，这类词存在一种分合价，当两个论元分开时就是二价，当两个论元合在一起就是一价。动词句，如，“张明碰见了李刚”“张明和李刚碰见了”；形容词句，如，“张明(一直)跟李刚很要好”“张明和李刚(一直)很要好”；名词句，如，“张明(一直)跟李刚是同事”“张明和李刚(一直)是同事”。

刘丹青用三个公式概括了相互性实词的句法共性。

(1) $N_1+(和)+N_2+(V)+M=N_2+(和)+N_1+(V)+M$

(2) $N_1+跟+N_2+(V)+M=N_2+跟+N_1+(V)+M$

(3) $N_P+(V)+M$

其中 N_P 表示含复数义的名词性论元，M 代表相互性实词(mutual)，V 一般指联系动词或者虚义动词；“和”是连词可以省略，“跟”是介词，不可以省略。以上三种句式可以相互转换，而语义关系即配价关系不变。在具体分析时，刘丹青注意到了相互动词、相互名词、相互形容词在表达相互义时会有不同的句法表现，在讨论其共性的同时，也兼顾了其个性研究。

刘丹青的讨论主要是从配价角度出发的，对于这三种基本句式内在的语义差别和语用制约，并未涉及；而且像“张明碰见了李刚”“张明和李刚碰见了”这种句子，能替换“碰见了”这种结构的词在汉语中相当少。汉语中的

“碰见”和英语中的“meet”有所差别，缺少具体的语境，“碰见”不能自由地进入这个结构。

而且可以说张三是李四的爱人，李四是张三的爱人，但不能说张三和李四是爱人。所以说相互名词内部还可以做小类的区分，文章对这些问题都没有进行具体阐述。

文章区分了相互性和共同性，他指出，相互性涉及两个个体或者两个方面，语义关系原型是互为施受，比如“对骂”；共同性涉及多个个体，其语义关系原型共为施事，如“齐唱”。但对于像“合作”这样既能用于两个个体或者两个方面，又能用于多个个体的词，该归入哪一类，他却未能详细讨论。

刘阳(2013)在总结前人研究成果的基础上，对汉语相互义的表现形式做了较为系统的研究。该文主要讨论了相互标记、相互实词，以及两种特殊的相互义表现结构：回环格式和并立格式。研究虽然有所拓展，但有些问题还有待深入。

(二)相互代词、相互副词的研究

相互代词和相互副词相对于以上讨论的相互动词、相互形容词、相互名词来说用法较虚，很多情况下作为相互标记，修饰其他语法成分。现有研究多是对这些词做个案考察，而没有放在整个大的相互义表义范畴内进行分析。

1. 相互代词

相互代词主要指“彼此”，现在关于“彼此”的研究不是很多，主要以刘探宙(2003)的研究为代表。他从生成语法的角度出发，主要考察了分布在不同句法位置上的“彼此”的指称特点。该文指出，汉语相互代词在作宾语时遵循约束原则，在其他位置上会出现非完全约束、长距离约束、不在句法上受约束等情况。“彼此”的这些特点与英语中的“each other”“one another”存在显著差别。该文从英语中的“each other”“one another”出发来反观汉语中“彼此”的用法，从研究方法上给我们带来了一定的启示。

王晓辉(2010)对“彼此”做了更为全面和细致的分析，研究内容涉及“彼此”的句法、语义层面的表现形式和语篇层面的回指特征。但“彼此”表相互义的功能并不是该文考察的重点，而且由于考察对象的局限性，未能对“彼此”与其他相互义表义形式的互动特征展开讨论。

2.相互副词

相互副词包括“相互”“互相”“相”“互”。现有对相互副词的研究多集中在共时层面。

蒋泛根(1982)对“互”“互相”“相互”用法的异同进行了简单分析，认为它们都可以修饰动词。该文注意到了“互”与其后词语的搭配要受到韵律的制约。“互相”“相互”的用法虽然基本相同，但还是存在差别。“互”“互相”只能作为副词修饰动词，“相互”还可以修饰名词。虽然只是对一些常见现象的列举，却为我们对相互副词的深入研究提供了另一个视角。

吕叔湘(1988)指出“互相”一般修饰表单向义的动词。“互相”一般不用于修饰表由双方共同实现的动作的动词，吕先生认为“互相合作”不能说就是因为这个原因。但是这种解释还是有值得商榷的地方，如“相互合作”却很常见，这些问题都有待深入研究。

赵静(1999)结合语法语义指向、语用因素对相互副词进行了较为全面的分析，其中涉及了由相互副词实现的相互结构中动作参与者的数量。但动作参与者数量为二和动作参与者数量大于二是否会对相互副词的使用产生影响，作者未做论述。

汪兰(2004)从语义指向和语义特征出发对“互相”做了更进一步的探讨。汪兰认为在相互结构中动作参与者的地位是平等的，权力也应该是一样的。所以不能说“互相前进”“互相游泳”，这是因为“前进”和“游泳”不具有对称性。我们认为这和动词是否具有对称性关系不大，而和动词是否及物有关，不及物动词当然不可能产生相互关系。汪兰指出“互相领导”不能说，是因为从语义上来说“领导”具有上对下的语义特征，是由动作参与者的地位的不平等造成的。可是实际语料中却可以找到“互相领导”的例子。

各军区和四大军种是如何互相领导和互相协作的？（网络）

汪兰注意到了有些相互动词具有不可分解性，如“结婚”，也就是内部不能进行次事件的拆分，这一发现较以往研究有了很大的突破。

以上的研究都是从共时层面展开的，唐贤清（2006）从历时层面对相互副词做了较为系统的研究，通过翔实的语料考证了“相互”和“互相”的成词年代。

该文从历时层面上，加深了我们对相互副词的认识。

第四节　关于相互结构研究的一些思考

当前关于相互结构研究的热点当数类型学研究。相互结构的类型学研究打破了部分学派以英语作为研究对象的局限，近年来在国外取得了丰硕的研究成果，加深了我们对相互义和相互结构的认识，也为我们研究语言的共性和个性提供了更进一步的基础。

国外关于相互结构的研究视角广泛，研究也较为深入，但是存在的一个问题是未对相互结构做出清晰的界定，特别是在以英语为对象的研究中，好像含有“each other”或者“one another”的结构就可以算作相互结构而不管其中的“each other”或者“one another”是否表达相互义。

国内语言学家也较早地注意到相互关系在语言中的表达形式，而且越来越多的汉语研究者也已对此语言现象有所关注。汉语相互结构的研究到目前为止，已发现了不少语言事实，也有一定的理论探讨，在相互动词配价研究方面的成果尤为突出，但与西方当前开展得如火如荼的相互结构类型学研究相比，汉语中的相关研究还是相对薄弱的。直到现在，还没有关于汉语相互性结构的系统研究。出现这一情况的原因可能是，相互义作为一个语义范畴，边界具有模糊性，当前学者对相互义还没有形成一个统一的认识，而且相互范畴相对于其他语法语义范畴出现的频率偏低。相互义的研究还停留在初始阶段，所以还有很多问题亟待解决，不论是从广度上来说，还是从深度上来说，都有待进一步的发展 。当前研究的不足主要表现在六个方面。

(1)综观历来的研究,一个明显的不足就是对相互义的界定不够清晰,由于研究目的和研究方法的不同,各学者对相互义的界定各持己见,没有形成统一的标准,所采用的名称和所指不一。到底何为相互义,其与邻近语义范畴伴随义、共同义有哪些区别和联系都有待深入研究。

(2)有学者意识到相互动词内部存在不同的小类,却没有进一步展开具体讨论。相互义是一种单一的类型,还是有多种类型?

(3)研究多集中在相互动词的配价领域,对相互义的其他表义形式,如句式相互结构等的研究鲜有涉及,而且多为共时层面的研究。

(4)现有研究多集中在相互结构的句法、语义层面的分析,在语用层面的表现如何?

(5)现有的研究成果多分散在论文中,对相互义的主要表现手段没有进行系统研究,分析和解释不够深入。相互义的表达在人类语言中具有普遍性,但各种语言表现相互义的手段有同有异,汉语相互义的表达与其他语言的共性表现在哪里,特性又有哪些?

(6)各种相互义表义形式是否会产生相互制约的关系?它们的共现和互斥情况如何?

国外关于相互结构的研究,起步比国内研究早,涉及的研究范围也比国内研究更为宽泛,研究内容更为深入。既然国内学者也开始对这个问题有所关注,接下来的任务就是如何结合汉语事实,借鉴国内外已有的研究成果,把此问题的研究推向深入。有鉴于此,本书将针对汉语相互结构研究中的以上薄弱环节,进行考察和分析。

第三章到第六章为本书的主体部分,第三章到第五章分别从句法、语义、语用层面考察隐性相互词汇结构、显性相互词汇结构和句式相互结构的具体表现形式;第六章考察各种相互义编码方式的同现和互斥情况。本书尝试对汉语相互义的表义结构做一个较为系统的考察,但由于相互现象的复杂性,本研究也只是关于相互结构研究的一个起点。在进入主体部分以前,我们还有必要对几个与“相互”有关的概念进行区分。

第五节 相互关系、伴随关系和共同关系

不论是相互关系、伴随关系还是共同关系都有一个共同的特点，就是表达有多个主体共同参与的事件。但由于在相互事件和共同事件中，各动作参与者的关系既有相同的地方，又有不同的地方，所以共同、伴随和相互这三个语义范畴既有联系又有区别。

一、共同关系

如果有两个或者多个动作参与者参与了某一事件，在内部的次事件中，各动作参与者不会产生相互影响，那么我们就说各动作参与者间的关系是共同关系。原型的共同结构通常带有相应的语义标记，如“一起”“所有”。在共同事件中，各动作参与者的地位是平等的，各个次事件是平行而且独立的，如：

[1]四年的时间，他几乎天天在花下等她，然后一起走过长长的红砖道路。(《青年博览》)

[2]我们所有的人，都拖延着不去生活，老是梦想着天边一座奇妙的玫瑰园，却偏偏不去欣赏今天就开放在我们窗口的玫瑰。(张晓风《常常，我想起那座山》)

例[1]出现了共同标记“一起”，内部的次事件“他走过红砖道路”和“她走过红砖道路”是平行而且独立的。例[2]出现了共同标记“所有”，也就是在“我们”这个集合中的所有个体；“都拖延着不去生活”，集合中的各个个体间没有产生相互影响。所以在共同事件中，各动作参与者间的关系是“加而不合”。

共同关系可以如图 2-8 所示。

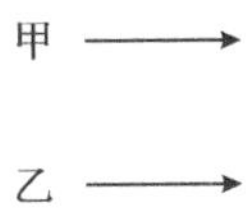

图 2-8 共同关系

二、伴随关系

伴随也用于表达有双方或者多方同时参与的某一事件，但伴随与共同的区别是，各动作参与者的地位有主次的区别。我们把表达伴随关系的结构称为伴随结构，如：

[3]李四，你跟着张三进趟城。

以上不同动作参与者的动作可以独立完成。

但是有些伴随结构的次论元可隐可显，如：

[4]有一天，我忍不住问他为什么从来不生气。他好像觉得我问的问题很奇怪，看着我问道："生气？跟谁？跟你？我敢吗？跟孩子？我忍心吗？跟别人？我犯得上吗？"（《武汉晚报》）

伴随结构通常带有介词标记"和""与""同"。这些词也可以当连词用，当连词用时，则为并列结构。朱德熙先生（1982：76）早就注意到了"和"既是介词，又是并列连词。很多语言中都有伴随结构和并列结构同标的情况，如：

[5]老张和老王去学校。

以上例句有两种解读方式：(1)老张去学校，老王也去学校；(2)老张跟着老王去学校。第一种解读是共同关系，而第二种解读是伴随关系。以下两种语言也存在伴随结构和并列结构同标的现象：

Iraqw（Stassen，2000：5）

Muu-dá nee dama-r-ín tta-ri waráahh.

a. Those people and their calf passed.

b. Those people passed with their calf.

Akaw（Stassen，2000：5）

Kwesi nye Amba a-ba.

a. Kwesi and Amba have come.

b. Kwesi has come with Amba.

有些语言是用不同的标记来编码伴随结构和并列结构的，如：

英语

a. I went to West Lake with him yesterday.

b. He and I went to West Lake yesterday.

有些语言则是通过变换词的位置来编码伴随结构和并列结构的，如：

日语

a. 太郎 は 花子 と 喧嘩した。

太郎 主格标记 花子 和 吵架

(连词/介词)

太郎和(介词)花子吵架。

b. 太郎 と 花子 は 喧嘩した。

太郎 和 花子 主格标记 吵架

(连词/介词)

太郎和(连词)花子吵架。

与日语不同，有些语言通过改变整个词组的位置来区分伴随结构和并列结构，如属于南岛语系的德顿语就属于这种情况：

Tetun(Williams-van Klinken et al. ,2002:60-61)

a. João ho Maria istori malu.

约翰 和 玛丽 吵架 互相

(连词/介词)

约翰和(连词)玛丽吵架。

b. João istori malu ho Maria.

约翰 吵架 互相 和 玛丽

(连词/介词)

约翰和(介词)玛丽吵架。

由于汉语中的并列结构和伴随结构没有显性的区分标记，所以要通过具体的语境来判断。

三、相互关系

如果有两个或者多个动作参与者参与了某一事件，在内部的次事件中，至少会有两个动作参与者A和B，A会对B产生影响，B会对A产生影响。也就是说A和B存在互相依存的关系，如“互相帮助”；或者内部不存在次事件，A和B的关系不可切分，如“结婚”。那么我们就说各动作参与者间的关系是相互关系。在原型相互结构中，各个动作参与者的关系互为施受。原型相互结构既可以表达单一事件，也可以表达多个次事件，如：

[6]偶尔在楼道迎面相遇，彼此便微笑那么一下。（张楷模《梦幻巴黎》）

[7]他们静静地互相看着对方，两张纯洁的年轻的脸，像大理石雕塑一般美丽。（路遥《平凡的世界》）

相互关系表达的是一种“加而且合”的关系，可以如图2-9所示。

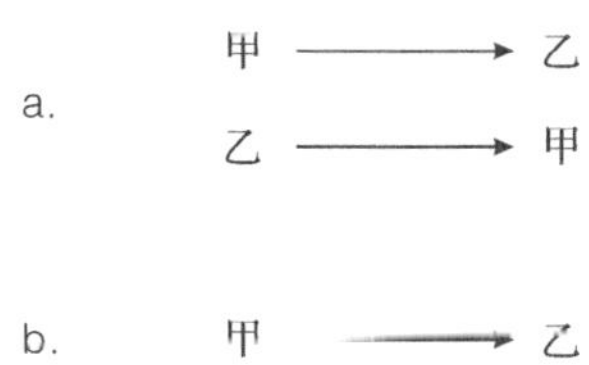

图2-9　相互关系

由于动作参与者必须参与同一事件才能构成相互义，所以说任何相互义中都含有共同义。共同义是包含相互义的一个更大的范畴，相互和共同的关系可以如图2-10所示。

最外层表示的是共同义，最内层表达的是相互义，中间层是相互义和共同义这两语义范畴边界的模糊地带。原型范畴理论（Prototype Theory）认为范畴内的成员地位并不平等，而是有典型和非典型的区分。某些成员比另一些成员更为典型，能更好地代表范畴，在范畴中占据着核心位置，而另一些成员则处于范畴的边缘位置（Rosch，1975；Lakoff，1987；Taylor，1989）。

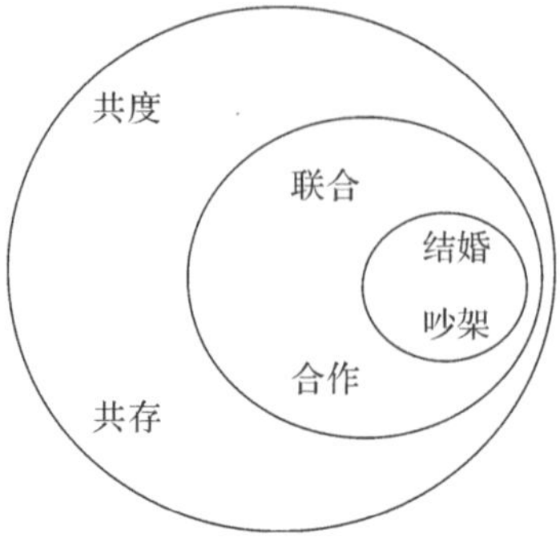

图 2-10　相互和共同关系

“结婚”“吵架”是具有典型的相互范畴中的典型成员，“共度”和“共存”是共同范畴中的典型成员，而“联合”“合作”同时具有相互义和共同义。本书主要探讨相互范畴中的典型成员。

第六节　对称、相互和最简对称

很多文献中都有“对称”和“相互”同时使用的情况，我们有必要就“对称”和“相互”这两个概念做一些相关的解释。“相互”一般用于表示一种句法形式；“对称”一般用于表示一种逻辑关系。相互性情形会随着语义参数的不同而有所改变，如动作参与者的数量、相互性事件内部次事件的对称与非对称(Dalrymple，1998；Dimitriadis，2008；Maslova，2008)。在现实的相互事件中，动作参与者的数量有时候很难确定，次事件的对称、非对称也很难判断，从理论上来说，相互性情形的数量是无限多的，但自然语言是不可能对这无限多的相互性情形都进行编码的。我们能肯定的是只要出现相互义的编码形式，要么只有一个不可拆分的相互事件，事件中的动作是对称的；要么相互事件内部存在次事件，其中一定有两个次事件动作是对称的。如，有些句子从句法层面上看，虽然也表达了相互义，可是内部却存在着不对称的次事件：

[8]教室里安静极了，大家你看看我，我看看你，却无人举手。(网络)

其中的某些动作参与者可能既是“看”的动作的发出者，又是“看”的动作的接受者，但是有些动作参与者可能只是“看”的动作的发出者。也就是说至少有一个动作参与者可能看着另外的一个或者多个动作参与者，同时被另外的一个或者动作参与者看到，而且看和被看的动作参与者的集合并非完全重合。

以上例句表达的是一种复数性事件，其中的“看”既可能表达对称事件，A 看 B，B 也看 A；也可能表达非对称事件，C 看 D，但 D 并不看 C。这种情况是不可能出现在强对称性动词中的。比如，对“相遇类”动词来说，不论动作参与者的数量多少，任何一对动作参与者的关系都是对称的。

部分学者根据相互性事件内部具有对称的次事件的多少对相互义进行区分。

Maslova(2008)认为相互义可以分为四类：(1)二元连接相互义，也就是说，对称关系 R 由两个动作参与者 a 和 b 进行两次编码，如，张三和李四都注意到了对方；(2)单一事件对称，即关系 R 的两次编码表现为一个单一事件，如，张三和李四结婚了；(3)强对称，指的是集合中的任何成员和集合中的其他任何成员都有着同一的对称关系，如，他们每个人都彼此认识；(4)弱对称，对称关系只在集合中的一部分成员间实现。相互义的这些语义类型彼此相关，但有着不同的句法表现；并且相互义的“分配策略(distributive strategies)”只适用于强对称结构，如，他们中的每个人都和他们中的其他人很熟(Each of them know the others well)。如果相互结构中的相互义标记既可以表示相互义也可以表示自反义，那么这种相互结构表达的是弱对称。

Dimitriadis(2008)认为相互性情形的具体类型通常由相关谓词的内部语义特征决定，他提出了“最简对称(irreducibly symmetric)”这一术语。如果一个谓词只表示单一的事件，而且对事件中两个动作参与者来说，他们的关系是对称的，这种谓词就叫作最简对称谓词，如，“结婚”“相遇”。它们在句法表现上和其他动词有所区别，最简对称谓词可以独立地表达相互义，无须借助任何其他形态句法手段。在希腊语中，只有最简对称谓词才能进入中动结构和非连续相互结构，如：

O Giannis kje i Maria filithikan.

特指 Giannis 和 特指 Maria 接吻了 中动/相互 复数

Giannis 和 Maria 接吻了。

O Giannis filithike me ti Maria.

特指 Giannis 接吻了 中动/相互 单数 和 特指 Maria

Giannis 接吻了，和 Maria。

"对称"和"相互"在相互结构研究中经常可以替换使用，部分学者（König & Kokutani，2006；Maslova，2008；Dimitriadis，2008）用"相互"表示句法结构，用"对称"表示逻辑关系。所谓的对称就是说一个二价的谓词，如果调换论元的位置，其真值保持不变，那么这个谓词就是对称的，所以"张三碰到了李四"这个句子在逻辑上具有对称性；但是"张三看到了李四"就是不对称的，因为在张三看到李四的时候，李四不一定看到了张三。可是这两种类型的谓词都可以进入相互结构，如：

[9]如果有一天我们在街上碰到了，你会不会还像以前那样淡淡的。

（网络）

[10]那一年，我们扭头，都看到了对方。（网络）

如果一个相互结构只涉及两个动作参与者，那么对称关系在这两个动作参与者间实现，也就是说，两个成员都是动作的发出者，也都是动作的接受者。如果谓词的对称性是在一个集合中实现，那么我们认为谓词的对称性适用于那个集合中的所有成员。比如，在"张三和李四都看到了对方"这个句子中，"看"这个动作对于包含"张三"和"李四"的这个集合来说是对称的。"张三和李四都看到了对方"这种句子，在句法和语义研究中，是较为常见的相互结构，句子中主语包含的双方互为施受，每一方对另一方有同样的动作。这种相互结构在逻辑对称性上表现为：存在一个集合 A，x 和 y 属于这个集合，如果关系 R 在两个对象 x 和 y 之间成立，那么也就在 y 和 x 之间成立，可以用逻辑表达式写成，$\forall x,y \in A[x \neq y \rightarrow R(x,y)]$ 并且 $|A=2|$。但是在现实的交际情境中，这种严格对称的相互情形只占全部相互情形的极

少一部分，如果动作参与者的数量多于两个，情况会变得相当复杂。原型范畴理论（Prototype Theory）认为范畴内的成员地位并不平等，而是有典型和非典型的区分。某些成员比另一些成员更为典型，能更好地代表范畴，在范畴中占据着核心位置，而另一些成员则处于范畴的边缘位置（Rosch，1975；Lakoff，1987；Taylor，1989）。只有两个动作参与者的相互事件属于原型相互事件（Kemmer，1993：98；Lichtenberk，1994：3506），其动作具有最强的对称性。

在有些语言中，动作参与者为两个和动作参与者多于两个的相互事件的编码形式是不同的，如台湾少数民族的语言，“看”是“pacun”；“两个人互相看”是“ma-pa-pacun”；“多于两个人的互相看”是“ma-pa-pacu-pacun”（Zertoun，2002），这种区分也出现在尤马语中。

Yuman（Watahomigie，2001：331）

ˊu：k　　看

jijˊu：b̲k　　（两个人）互相看着对方

jijˊu：v̲k　　（三个或者三个以上的人）互相看着对方

其中“b”为双数标记；“v”为多数标记。这也和这些语言中动词有双数标记和多数标记有关。

Dimiriadis（2008：8）认为像“结婚”“相遇”等词相互义存在于词汇当中，无须经过任何句法操作就可以实现对称关系，所以可称之为最简对称谓词。像“看”这样的词是非对称的，但其语义并不是和对称不相容：比如有两个动作参与者 A 和 B，在 A 看到 B 的同时，B 也可能看到了 A。这类谓词称为“非对称（non-symmetric）谓词”。在“张三、李四、王五彼此看到了对方”这个句子中，我们认为“张三、李四、王五”这个集合中的成员，每个成员分别看到了其他成员，“看”在这个集合中具有对称关系，但动词本身不具有对称性。

有些谓词，如“追”“赶”，对任何一对动作参与者参与的单一事件都不可能存在对称性。比如说，“张三追李四”，李四不可能在同一时间追张三。这种关系可以称为反对称（asymmetric）关系。可是即使是“追”“赶”这类具有反对称关系的词在具体语境中，也可以在特殊结构中表达相互义，如“你追我赶”，在这种结构中次事件有时间先后的关系。

在最简对称事件中相反、对立的事件是同时进行的，但并不是所有用于表达同时进行的相互性事件的谓词都是最简对称谓词。比如，“张三和李四都喜欢对方”，虽然表示动作在同一时间进行，但是“喜欢”并不是最简对称谓词。张谊生(1997)把这类词称为“伪交互动词”。

最简对称是我们对某种情形或者某个事件进行概念化而得到的一种属性，而不是某种情形或者某种事件的内在属性。比如，对话一般是两个人轮流讲话，在某一时间点，只能是一方在讲，另一方在听，但我们习惯于把“对话”这一行为归入对称性事件。再比如，打架也通常指动作参与者相互交替的一系列动作。

国外研究用“相互”表示句法结构，用“对称”表示逻辑关系是因为他们所研究的相互结构是包括常用相互义表义成分的结构，所以有些所谓的相互结构是不表达相互义的。而我们所界定的相互结构是表相互义的，所以从我们所讨论的范围来看，“对称”和“相互”的内涵是一样的，故而在以下论述中，为了做到概念的统一，除了引文以外，我们不再使用“对称”这一术语指代“相互”，本书所指的“对称”是指在空间关系上的几何对称或者表示各论元在语用层面上的对等地位，涉及“最简对称”的地方用“最简相互”来表达。

第三章　隐性相互词汇结构

有些词语可以通过对其内部语义特征进行分析，推断出其含有相互义，也就是说相互义是从其核心义中提取出来的。比如“打架”，必须包含至少两个主体甲和乙，甲打了乙，乙也打了甲。两者的施受关系发生逆反，从而推出甲乙存在相互关系；也就是说，对于这类词来说，相互义是以隐性的形式存在的，我们把这类词称为隐性相互词汇。隐性是相对于相互义在词汇的核心语义中的地位而言的。汉语中的隐性相互词汇包括相互名词、相互动词、相互形容词。受汉语双音化的影响，大部分的隐性相互词汇都以双音节合成词的形式存在，但还保留着少量单音词，单音词大多为动词、形容词。合成隐性相互词汇包括名词、动词、形容词，大部分的相互名词和相互动词都含有表相互义的词缀，这些词缀一般以前缀的形式出现，后缀比较少。本章主要讨论隐性相互词汇结构，即含有隐性相互词汇的结构。

第一节　相互名词

相互名词，属于关系名词中的一个小类。关系名词的特点是离开了关系的“彼端”，本身语义不自足，也可以说没有所指，带上领格定语则可以获得所指（刘丹青，2000：220）。关系名词一般用于表示两种关系，即社会关系和空间关系，表社会关系的如“兄妹”“师生”“朋友”，表空间关系的如“上下”“前后”“旁边”。在关系名词中，有一部分名词各论元间的关系是对称的，如表社会关系的名词“朋友”，表空间关系的“旁边”。也就是说，如果甲是乙的朋友，那么乙也一定是甲的朋友；如果甲在乙的旁边，那么乙也肯定在甲的旁边。但是像“师生”这样的词，我们只能从甲是乙的老师，推出乙是甲的学生，论元间的关系不具有对称性。而“上下”，我们只能从甲在乙的上面，推断出乙在甲的下面，但是甲和乙不具有对称关系。所以相互名词的特点是可以从甲论元相对于乙论元的关系，推知乙论元相对于甲论元的关系，而且这种关系具有对称性。本章将讨论相互名词的两种主要表现形式，即表社会关系的相互名词和表空间关系的相互名词。

一、表示社会关系的相互名词

吕叔湘先生(1999:533)较早地注意到，“老张和老李是山东人”和“老张和老李是同乡”这两句话的区别。他认为在第一个句子中，并列成分间的关系是“加而不合”，可以理解成“老张是山东人，老李是山东人”；第二个句子中，并列成分间的关系是“加而且合”，不能说成“老张是同乡，老李也是同乡”，必须“老张和老李”才是同乡。“同乡”这类词在逻辑层面上存在对称关系，也就是说如果老张是老李的同乡，那么老李也一定是老张的同乡。

“同乡”表达的是一种社会关系。表达相互义的指人名词，一般都表示社会关系：(1)表示亲属关系的，通常包含构词语素“亲”，亲人、亲属、亲戚；(2)表示朋友关系的，朋友、好友、挚友、友人；(3)由朋友义派生出的表共同从事某种活动的人，工友、校友、战友、棋友，近年来又发展出了，票友、驴友；(4)表示情感相同或者相对的人，仇人、情人、敌人、恋人。

除了以上的“亲”“友”“人”等，“同”也是一个能产性很高的词缀，其形成机制是语法转喻。从认知语言学的视角来看，转喻不仅是一种普遍的语言现象，更是一种思维方式。我们思和行所依赖的概念系统，从根本上说有转喻的性质(Lakoff & Johnson，1980)。很多相互名词都是通过转喻形成的，最典型的由整体代部分的是“对手”。还有一部分词语通过语法转喻，即转指形成，如以“同”为前缀的相互名词，其认知框架包括三种。

(一)“当事－经历”

即用“经历”来转指“当事”，如“同事”是指一起工作的人；“同学”是指一起学习的人 。“同伙”也可以归入此类，因为“同伙”最初的意义是“共灶炊食”。

(二)“当事－地点”

即用事件发生的地点加上前缀“同”表示“当事”。“同窗”“同门”都是指同学，但是对这些词的理解需要通过认知推理，不像“同事”和“同学”所表达的意义那样显而易见。如用“同窗”转指同学是因为古代有“寒窗苦读”的说法，所以把在一起寒窗苦读的人称为“同窗”。古代还可以用“同砚席”“同砚”来称“同学”，共一方砚台，同一张座席，同一位老师上课，所以就是同学了。“同门”则是指在同一个老师门下学习的人。“同乡”是指来自同一个地方的人。

(三)“当事－属性”

即用同一属性来转指当事，如：“同志”是指志向相同的人；“同行”是指同一行业的人。

不是所有能进入以上认知框架的“同 X”结构都能进行转指操作，一个结构能否凝固成词和使用频率大小有关。“同”本身表达的是一种共同义，但语法转喻形成的名词却产生了相互义。相互名词表达的是各个主体互为参照的一种关系，也就是说可以从甲方对于乙方的关系，推知乙方与甲方也有同样的关系，而且这种关系是对等的。

词汇是人们对事物概念化的结果，对同一事物，不同民族的认知视点可能不一样(石毓智，2011：75)。在英语中“sisters”属于亲属关系中的相互名词，但汉语中必须区分“姐”“妹”，一般不看作相互名词，但在表示广义的女性朋友关系时，可以看成相互名词，如“我们是好姐妹”。同一语言中，同义名词也有相互和非相互的区别，这主要取决于说话人的意图和视角。如“配偶”和“夫妻”是同义词，但“配偶”是相互名词，而“夫妻”则不是。周国光

(1990)把类似“夫妻”这样的词称为逆向关系集合名词。“配偶”在现代汉语中一般用于法律文书，而“夫妻”则较为常用。

在相互名词结构中，两个论元可以充当相同的语法成分，也可以充当不同的语法成分。充当相同的语法成分时，都出现在主语位置；充当不同的语法成分时，一个充当主语，另一个充当介词的宾语，如：

他们俩是同事。

a. 张三和李四(一直)是同事。

b. 张三(一直)和李四是同事。

我们把 a 这样的论元关系平等的结构称作简单结构，把 b 这样出现伴随论元的结构称作非连续结构。关于简单结构和非连续结构，我们还会在动词相互结构部分进行详述。如果缺乏语境，像 b 这样的句子可接受度较低。

有些原型的表单向义的名词进入一定的结构也会表现出相互义，如：

张三是李四的爱人。

我们可以从“张三是李四的爱人”推知“李四是张三的爱人”，也就是说张三和李四互为爱人关系。但是“爱人”进入以下结构的可接受度就会比较低，如：

a. 张三和李四是爱人。

b. 他们是爱人。

这种说法不太常见是由“爱人”通常表示一方引起的，即“爱人”是指丈夫或者妻子中的一方。但“爱人”还可以表示相爱的人，我们认为“爱人”表相爱的人应该是受了英语中“lovers”的影响，这种用法是在现代汉语中出现的。我们在北大语料库中找到了两个这样的例子：

a. 他不明白华静跟梁波到底是怎样的关系，是朋友，还是爱人。

b. 如果说女人想起男人是件很容易的事，尽管他们还不是爱人、情人，那么反过来也一样。

第一例其实不是真正的“华静跟梁波是爱人”这种结构，而是“他们是爱人关系”。像第二例这样的用法在现实语料中非常少。而这种用法在翻译作品中比较常见。所以说像“爱人”这样的词，从其句法表象来看有其特殊性。也就是说两个论元，其中一个通常以参照论元的形式出现，两者存在“图形”和“背景”的区别。而像“他们是亲人”“他们是同志”这样的结构也是需要得到具体语境的支撑，可接受度才会更强一些：

[1]他们是亲人，无论他们彼此曾经怎样地相互漠视。（铁凝《大浴女》）

[2]杨庭辉握住陈墨涵的手说：“欢迎啊，欢迎啊，陈团长是我们的老朋友了，现在我们是同志了。……”（徐贵祥《历史的天空》）

当相互名词以光杆形式出现时，有相互关系的两个论元，一个可以出现在定语的位置，如：

a.张三是李四的朋友。

b.李四是张三的朋友。

a、b的意思和“张三和李四是朋友”是一样的。这种情况也同时适用于“老朋友”和“好朋友”。因为“老”和“好”的属性是由两个论元共同作用而实现的。但是，如果相互名词前出现其他修饰性成分，如“外国”，情况就会发生变化。当一个论元出现在主语位置，另一个论元出现在定语位置时，两个论元的位置互换，意思保持不变：

a.张三是李四的外国朋友。

b.李四是张三的外国朋友。

以上例句中“朋友”受“外国”的修饰，“张三”和“李四”互换位置，意思保持不变，这个与“朋友”“好朋友”“老朋友”的情况大致相同。但不同的是，如果换成“外国朋友”，两个论元不能同时出现在主语位置，这是因为“外国”这一属性是一方相对于另一方而言的，具有相互参照性，也具有互斥性，所以说两个论元不能同时兼有这种属性：

张三和李四是外国朋友。

如果相互名词的修饰性成分的属性只为一个论元所享有，两个论元就不可以改变顺序，也不可以同时出现在主语位置：

a.张三是李四的美国朋友。

b.李四是张三的美国朋友。

c.张三和李四是美国朋友。

二、表示空间关系的相互名词

在现实世界中，很多空间关系都可以用对称关系来表达，几乎各种语言都有用于编码空间对称关系的相互名词。汉语中表空间关系的相互名词主要有“隔壁”“旁边”“附近”“对面”等。这些词可以单用，也可以和“在”连用，构成介词词组。

[3]我们和闻家住隔壁。家门前都有西餐桌面大的一小块土地，都种了豌豆什么的。(宗璞《霞落燕园》)

[4]睡椅上摆着的是羽绒枕头。卧室旁边有个浴室，全部由大理石和白瓷砖砌就。(卞庆奎《中国北漂艺人生存实录》)

[5]现在，海南岛已和附近的中沙、西沙和南沙群岛组成了海南省。(网络)

[6]那家餐厅就在我们学校附近。

以上结构中表示相互关系的两个论元，从空间位置上来说是对称的，可是由于受到认知、语用和语篇连贯等因素的制约，两个论元出现的顺序却不是任意的(Kemmer，1993：138)。如例句[4]中虽然卧室和浴室的位置是对称的，但是由于后续句描写的是浴室，所以只能卧室居前。而且在对称性的空间关系表达中，和图形相比，作为背景的物体通常更为稳定，体积更大，几何形状更为复杂(Talmy，1983：231)。如以下例句：

a. The bicycle is near the house.

自行车在房子附近。

b. The house is near the bicycle.

房子在自行车附近。

由相互名词编码的相互结构存在图形—背景效应。图形一般出现在主语位置，背景一般出现在非主语位置，所以说 b 句把固定的物体作为图形，把可移动的物体作为背景就显得很突兀。同样，把图形和背景同时置于主语位置也会显得很突兀，在英语中“The bicycle and the house are near each other.”这样的句子，从认知角度来说，两个论元的地位不是平等的，不能出现在简单相互结构中。

在语篇建构中，由于受叙事者主观视角和语篇连贯的影响，相互结构中各论元的地位也会有所不同。人们使用语言多少会受到主观性的影响，而主观性主要通过视点来表现。视点是指人们观察事物的角度及通过话语的建构表现出来的立场观点，Fowler(1986)将视点分为时空视点、观念视点和心理视点。空间相互义的编码主要受到时空视点的影响，时空视点是指人们观察世界时所采用的时空角度，即时空的起点和移动的顺序。在编码空间相互义时，“此地”，即说话者所在地通常作为参照点出现，而且很多情况下，特别是在现实的情境交际中可以省略。

[7]A：请问附近有没有打印店？

　B：前面就是。

[8]我们学校附近有一个古香古色的咖啡吧。

　一个古香古色的咖啡吧在我们学校附近。

参照点的选择不仅可以以说话者为基础，也可以以听话者为基础，如：

[9]A：X 在哪儿？

　B、C、D：在对面。

　E：在你们隔壁。(补充)

以上对话的情境是 X、B、C、D、E 同在甲办公室，A 是乙办公室的。A 到甲办公室询问 X 在哪里。B、C、D 以此地为参照点，回答的是“在对面”。因为对面有好几个办公室，X 又不在与甲办公室正对面的办公室，所以 E 的回答以问话人所在的乙办公室为参照点，回答的是“在你们隔壁”。

空间关系相互名词只能和静态动词同现表达对称关系，如果动态动词进入，则相互结构中的相互义取消。

a. 张三坐在李四旁边。

b. 张三坐到李四旁边。

c. 张三坐在李四对面。

d. 张三坐到李四对面。

从以上分析我们可以看出，不论在表示社会关系的相互名词结构还是在表示空间关系的相互名词结构中，一个论元相对于另一个论元的参照特征都非常显著。所以在很多情况下,从认知角度来说,由于论元地位的不平等,相互名词排斥简单相互结构。空间相互名词还有一个特点是不能与动态动词连用,如与动态动词连用,相互关系会被阻隔。

第二节 相互动词

在所有的隐性相互词汇中,相互动词不论是在句法上还是语义、语用上,表现形式都是最为丰富的。相互动词的作用是用于编码相互事件,在讨论相互动词以前,我们先来探讨一下相互事件的类型。

一、相互事件

由相互结构表达的相互性事件有单数事件和复数事件的区分。单数(uniplex)和复数(multiplex)这一对概念最早是由 Tamly(1988:176)提出来的,单复数可以表现在名物上,也可以表现在动作上,如:

	名物	动作
a. 单数	A bird flew in.	He sighed once.
b. 复数	Birds flew in.	He kept sighing.

Kemmer(1993:112)把含单数事件的相互事件称为"自然相互事件(naturally reciprocal events)",她认为在自然相互性事件中,表示动作参与者关系的两个子事件区分度很低。比如 c 句表达的是两个可分离的子事件,d 句只表达一个事件,事件中的动作参与者同时参与了某一行为,这一行为不可切分,如:

英语(Kemmer,1993:111)

c. John and Mary kissed each other.

约翰和玛丽的互相吻了对方。

d. John and Mary kissed.

约翰和玛丽接吻了。

汉语和英语中单数事件一般由隐性相互词汇进行编码，复数事件一般由显性相互词汇和句式结构进行编码，但各种语言中的情况有所不同，如在Marrithiyel中，不论单数事件还是复数事件都用相互标记进行编码：

Marrithiyel(Green，1989：120)

a. Nyoman　saling　Ø-diman　(ajak　Ketut).

Nyoman　相互　受事语态—吻　和　Ketut

Nyoman 吻了 Ketut，Ketut 吻了 Nyoman。

b. Nyoman　ma-diman　(ajak　Ketut).

Nyoman　中动—吻　和　Ketut

Nyoman 和 Ketut 接吻了。

Dimitriadis(2008)把 b 类称为“最简对称事件(irreducibly symmetric event)”。只有复数相互事件可以表达有序的动作，如：

英语(Kemmer，1993：113)

a. John and Mary kissed each other, one after another.

约翰和玛丽都吻了对方，依次地。

b. John and Mary kissed, one after another.

约翰和玛丽接吻了，依次地。

复数事件的多个次事件不能同时进行，须是有序的，如：

张三和李四互相交换了礼物。

一般是张三先给李四礼物，或者李四先给张三礼物。而单数事件不能进行次事件的切分，如：

张三和李四相遇。

虽然我们可以说“张三遇到了李四”“李四遇到了张三”，但这只是说话者的视角不同而已，不能解读为两个次事件。

相互事件的一种常见编码形式是相互动词结构，相互动词结构又可以分为两种类型：主语取向的相互结构和宾语取向的相互结构。

二、主语取向的相互结构

主语取向的相互结构是指相互动词的相互性指向处于主语位置的论元,或者同时指向处于主语和宾语位置的论元,但后一种情况出现得较少。主语取向的相互结构包括四种结构类型。

(一)相互动词结构的四种类型及其形成动因

相互结构中的各个论元从逻辑层面上来看,有着对称的关系,但是受到动作发起者、叙述者视角等因素的影响,在语用上却出现主次的区分。也就是说,相互结构中的论元在具体语境中,通常会出现地位不平衡的现象,也就是说语用上的不对称。这是因为,语言结构反映经验结构,即世界结构,包括说话人强加给世界的观点(Croft,1990:164)。语句的建构不仅仅是词库、语法等语言范围的东西(张斌、胡裕树,1989:88),更是认知与语篇层面的问题。

1. 相互动词结构的四种类型

根据论元语用对称等级在相互范畴内从中心向边缘拓展的顺序,可以把相互动词结构分为四种类型:(1)简单结构;(2)非连续结构;(3)主宾结构;(4)隐性论元结构。这四种结构反映了相互事件中各动作参与者突显度层级差异。突显观认为,语言结构中的信息选择与安排是由信息的突显度来决定的。Langacher(1987)认为突显是认知语法"识解(construal)"的一个方面,认知上的突显涉及主语、宾语的安排,动词的选用等一系列句法结构。这四种类型也反映出了叙述者在编码相互事件时的主观视角。

(1)简单结构

简单结构(Nedjalkov,2007)是指相互事件的所有动作参与者都出现在主语位置的结构,而且各动作参与者具有同等地位。简单结构表达的是一种绝对对称,绝对对称是指在表达相互义时,相关的语义论元由相同的语法关系进行编码。不同的结构表达的语用对称等级是不同的,所谓的语用对称等级是从说话者对相互事件的编码角度来说的,因为从逻辑层面来看,如果表达的是相互事件，那么动作参与者的关系肯定是对称的，不存在对称偏离，也就无所谓对称等级。简单结构的主语主要有两种类型：

①复数名词。

★数量名词

[10]有时候，两个披着露珠的人会在路上相遇，会意地道一声“早”，或互相递根烟问候一声，又匆匆地上路了。（杨军《披着露水的人》）

★集合名词

[11]朋友见面握手，表示友好，这是全世界通用的一种“符号”。（网络）

因为汉语中的成分省略是一种常见现象，而且大部分的名词没有复数标记，所以要通过具体语境才能判断是不是简单结构，如：

[12]老同学难得见面，总要好好聚聚的。

这个句子可以理解为隐含的主语碰到了老同学，也可以理解为老同学是一个集合名词，见面这一行为发生在这个集合的成员间。

★“名词＋名词”

[13]双水村本村的人在院子的北头，大人娃娃夹在一起。（路遥《平凡的世界》）

★“名词＋和/跟/与/同(连词)＋名词”

[14]王子和公主结婚，从此过着幸福的生活。

②复数代词。

★复数人称代词

[15]穿过了一条又一条的街后，在某个拐角处。我们转身相遇，像那年的夏天一样。（秦翠芳《一个人的季节》）

★“代词＋代词”

[16]你我相识多年，应该都很了解对方了的。

★“单数人称代词＋和/跟/与/同(连词)＋单数人称代词”

[17]他和她已经相识多年。

[18]其实，这是自己跟自己较量和对抗，是一种自我挑战。（庄伟杰《字母，臆想或别解》）

英语中有显性的简单结构的标记“and”，如：

John and Mary met at the station.

英语中像“John and Mary”这样的并列结构是表达简单相互结构的一种典型结构。由于汉语中“和/跟/与/同”既可以做连词，又可以做介词，所以有“和/跟/与/同”出现的句子，需要通过具体语境判断是连词还是介词。如果是连词，那么属于简单相互结构；如果是介词，那么属于非连续相互结构。但是由于受到认知因素和语篇因素的影响，“名词＋和/跟/与/同(连词)＋名词”“单数人称代词＋和/跟/与/同(连词)＋单数人称代词”简单结构中的两个论元也并不一定是绝对对称的，即在有些情况下，论元的地位即使在简单结构中也会出现主从的区别。也就是说在简单结构中，选择哪个成分居前，哪个成分居后，通常也是受到很多因素制约的。关于这一点，我们会在非连续结构中进行详述。

(2) 非连续结构

①非连续结构与简单结构。

非连续相互结构(discontinous reciprocal construction)(Nedjalkov, 2007; Dimitriadis, 2008)，原本是指英语等语言的相互结构中，主谓成分后加上一个介词短语的结构，如：

John got married with Mary.

日语中也比较容易对非连续结构和简单结构进行区分：

a. 太郎　は　花子　と　喧嘩した。

　太郎　主格标记　花子　和　吵架

　　　　　　　(连词/介词)

　太郎和(介词)花子吵架。

b. 太郎　と　花子　は　喧嘩した。

　太郎　和　花子　主格标记　吵架

　(连词/介词)

　太郎和(连词)花子吵架。

汉语中的非连续结构通常以“名词＋和/跟/与/同(介词)＋名词”“代词

＋和/跟/与/同(介词)＋代词”的形式出现。在汉语中，非连续结构很难和简单结构区分开来，因为非连续结构中的介词和简单结构中的连词是同标的。张谊生(1996:337)认为所有由交互类短语，即本文所指的相互动词和相互动词词组，同“N_1 跟 N_2”组成的无标形式都是歧义结构。只有在具体语境中，才能判断“和”“跟”等词是连词还是介词，才能判断句中的名词性成分是主从关系，还是并列关系。如果不借助于一定的语境就不能确定“跟”的词性。如果“和”“跟”“与”“同”等词前出现其他成分，则认为是介词。这些成分可以是：时间、地点状语，副词，动宾结构等。

★ 时间、地点状语

[19]二月的季节，紫罗兰盛开的季节。紫罗兰紫色的花瓣，别样的美丽，可她也叫紫罗兰，也有紫罗兰般的容颜，在一个下雨天与他相遇。(网络)

[20]最美的还是在茶馆里和你们相遇。(金飒飒《真水无香》)

★副词

[21]小二黑已经跟于小芹订婚了。(赵树理《小二黑结婚》)

[22]然后，他又和瑞宣拉手，而且把左手放在上面，轻轻的按了按，显出加劲儿的亲热。(老舍《四世同堂》)

★动宾结构

[23]再大一点，父亲就会自豪地让我上桌与客人较量了，直到把人灌醉。(林纾英《钟情什么》)

加上某些成分会阻碍相互义在句法结构中的实现，如情态动词：

[24]遇事得跟大家商量。(吕叔湘用例)

[25]如果是从前，她肯定又要跟他争起来了，可现在，她觉得一点兴趣也没有。(陈建功《皇城根》)

[26]结果是可想而知的，胳膊根本无法和大腿较量。(江少宾《爱着你的苦难》)

除了以上几种典型的结构，非连续结构还有一种变体，即话题述谓结构。

[27]我很彷徨，很茫然，没人可以商量。(王朔《空中小姐》)

[28]厂长我们认识的,他对我笑了笑说你怎么来这里了。(网络)

②非连续结构与伴随结构。

在很多语言中,非连续结构和伴随结构从表面上看句法表现形式相同,所以很难区分,如:

a.张三又跟李四出去吃饭了。

b.张三又跟李四吵架了。

Hungarian(Komlósy,1994:56)

a. Péter sétál-t (Kati-val).

Peter 走一过去 Kate一和

Peter 走(和 kate)。

b. Péter csókol-óz-ott (Kati-val).

Peter 吻一相互一过去 Kate一和

Peter 接吻(和 kate)。

a 句中动作参与者双方的动作可以独立。伴随成分可以随意隐现,即使去掉这个成分,句子也可以成立;b 句的动作必须涉及两方,不管后面的伴随性所指对象是否出现,都已经隐含在相互动词中。所以说伴随结构中的后续成分是一种附加成分,而非连续性结构的后续成分是一个论元(Komlósy,1994;Dimitriadis,2008;Rákosi,2003,2008)。伴随结构和非连续性结构还有一个区别,就是非连续性结构不能受"一起(together)"的限制(Komlósy,1994;Rákosi,2003),这种现象在很多语言中都存在。

英语

John kissed together with Mary.

John went home together with Marry.

希伯来语(Siloni,2012:307)

Dan hitnašek yaxad im Dina.

Dan 吻一互相 一起 和 Dina

Dan halax habayta yaxad im Dina.

Dan 回 家 一起 和 Dina

汉语

张三跟李四一起吵架了。

张三跟李四一起回家了。

在很多语言中"一起"不可以进入相互义表义结构(Doughtery,1974:38),可是汉语中有少量相互动词可以和"一起"搭配。与"一起"意义相近的"在一起"的情况更为复杂。非连续结构中的伴随论元虽然与主要论元一起参与了同一事件,但却不能作为施事。有些非连续性结构的后续成分必须出现,如"张三和李四握手了",可有些句子,如"张三(和李四)结婚了"却可以省略,但被省略的动作参与者是隐性的,可以补足的。

(3)主宾结构

用主宾结构表达相互义,似乎与相互义的典型特征,即各动作参与者的关系是互为施受的相矛盾,因为一般认为在主宾结构中处于主语位置的是施事,处于宾语位置的是受事。张伯江(2009:91)指出,凡是处于动词后面的成分,不管它是不是最典型的受事,都会或多或少地具有一些受事的性质;凡是处于动词前面的成分,不管它是不是最典型的施事,都会或多或少地获得一些施事的性质。沈家煊(1999:201—202)也提到了主语和施事有一种自然的关联(无标记组配),宾语和受事也有一种自然的关联(无标记组配)。主宾结构的这种特征和相互义要求动作双方互为施受的语义关系会产生矛盾,所以 Haspelmath(2007:2092)提出语言中的一个共性:相互事件中的两个动作参与者,一个为施事,一个为受事,这样的典型的及物性结构是不存在的。但同时他也提到,这种共性是存在反例的。与其他相互结构相比,主宾相互结构不是相互结构的典型类型,即使在存在这种结构的语言中,主宾相互结构与其他相互结构相比,其使用频率也是相当低的,也就是说能进入这个结构的相互动词很少,这是一种语言共性。主宾相互结构在英语和汉语中都有,如:

英语

John met Mary at the station.

John resembles Jack.

汉语

张三遇到李四。

张三很像李四。

主宾相互结构一般由相互动词来实现，而在有些语言中也可以由语法相互标记来实现，但是这种由语法相互标记来实现的情况是相当罕见的。

Yakut(Nedjalkov,2007：1130)

Kini bu kihi-ni bil-si-bet ete.

他 这个 人一宾格 知道一相互一否定 助词过去

以前，他和这个人互相不认识。

汉语中这种表相互义的主宾结构在古代汉语中就已经存在，如：

[29]子路从而后，遇丈人，以杖荷蓧。(《论语·微子》)

[30]崔茂伯女，结婚裴祖儿。(刘义庆《幽明录·崔茂伯》)

[31]子击逢文侯之师田子方于朝歌。(司马迁《史记·廉颇蔺相如列传》)

[32]四年，鲁桓公与夫人如齐，齐襄公故尝私通鲁夫人。(司马迁《史记·齐太公世家》

[33]金止，中军禀对垒安大方营，禀讫，照后大方营图号施行。(戚继光《纪效新书》)

[34]反得邂逅异姓弟兄，算来也是奇遇。(李雨堂等《万花楼》)

相互动词带宾语的现象在现代汉语中也较为常见，以下是几个从北大语料库中找到的例子：

[35]她原是皮划艇选手，自从在湖畔训练时邂逅来自英国为香港男队执教的白励先生，她这一生有了两个重要转折。

[36]郑朝宗从厦门到上海一家洋学校任教，一天在街上邂逅一清华经济系校友，问他要不要去见钱锺书。

[37]将来我只希望遇到一个他喜欢我我也喜欢他的人，然后把自己嫁了。

[38]我遇到了许多名人，但是对我来说周末最好的消遣是独自待在自

己的房间里看电视，或是打游戏，很安静。

但是随着语言的演变，一部分动词从能带宾语变成不能带宾语，如“结婚”；一部分则从不能带宾语变成能带宾语，如“对话”。

[39]奥普拉对话奥巴马。（网络）

越南语中也有类似的结构。

a. Tôi　gặp　anhây.

我　遇到　他

我遇到了他。

b. Tôi chia tay anhây.

我　分　手　他

我和他分手了。

c. Tôi　vùa　gặp　mặt　anhây.

我　刚才　见　面　他

我刚才和他见面了。

（4）隐性论元结构

部分相互动词，如“恋爱”“结婚”“打架”“吵架”“打球”“下棋”等允许论元省略，也就是说可以省略表示相互关系的两个论元中的一个论元。这种论元省略现象只能出现在由隐性相互词汇编码的相互结构中，如：

[40]我当时恋爱了，尽管双方都在同一个城市，但不在同一个单位工作，不能常常见面，只能依靠鸿雁传书了。（朱大珪《情系书信》）

[41]三个月后，小静结婚了，对象是姐姐给介绍的，住得不算太远，也不算太近，在邻边的一个县。（陈恒礼《小静》）

[42]就是薛蟠和贾宝玉发现他脸上有轻伤，脸上挂彩了，一开头以为他打架了。（《百家讲坛》）

[43]他问我是不是又吵架了，我说没有 。（网络）

很多出现论元省略的相互结构是无法推知是简单结构的省略还是非连续结构的省略的，而只能判断有一个镜像论元的存在。因为相互动词要求相互事件的动作参与者集合中至少有两个成员存在互为施受的关系，所以即使只有一个成员出现，我们也能通过认知推理得出还有一个隐性的镜像论元。这虽然符合说话人的经济原则，但却需要听话人付出更多的认知努力。而交际的一个很重要的方面就是要给听话人提供足够的信息，从而实现信息的成功传递。所以虽然相互结构中的论元省略现象在很多语言中都有，但这种结构与其他相互结构相比，并不是很常见。而且即使出现，如果是在语篇中，一般可以通过上下文语境补足隐含的论元信息；如果是在口头交际中，隐含的论元通常是说话人和听话人的共享知识，或者对听话人来说是无关紧要的背景信息。

能允许单一论元省略的相互动词数量不是很多。大部分的相互动词结构可以省略主语位置的论元，但其他句法位置的论元则强制要求出现，如：

张三讨论了一下午，还是没能决定自己要不要去北京。

听到这样一个句子，听话人一定会问，张三和谁讨论了一下午。当然在允准论元省略的相互结构中也一样，在必要的情况下，隐含的论元是可以显现的，如：

A：张三恋爱了。

B：和谁恋爱了，怪不得最近这么开心。

以上四种结构是汉语中由相互动词编码的相互结构的主要类型。由于认知视角的不同，在有些语言中用相互结构编码的事件，在其他语言中不一定用相互结构进行编码。在英语中，“娶”“嫁”和“结婚”都是用同一个词“marry”来编码的，如：

a. John married Mary.

b. Mary married John.

如果不考虑语用因素，a 和 b 两个句子的意思是一样的，主宾语可以替换。可是汉语中：

c. 张三娶了李四。

d. 李四嫁给了张三。

以上两个句子虽然在内涵上相同，但外延是不同的。动词的意义决定了 c 和 d 两个结构的非相互性。“结婚”是具有强对称性的动词，但由其衍生出的次范畴概念却是非相互的。“娶”“嫁”和“结婚”指的都是同一事件，只是视角不同而已，这也正好印证了 Ungerer 和 Schmid 所说的，语言所表达的意义以及如何结合使用，取决于人们对周围真实世界的感知和范畴化。

从以上分析我们可以得出一个论元对称层级的连续统：简单相互结构＞非连续相互结构＞主宾相互结构＞隐性论元结构。在这四种结构中论元的对称等级依次由高到低。出现论元对称等级偏离的主要原因是语用、语篇和认知因素的制约，所以说相互义表义结构范畴中的各成员有典型和非典型的区别。但这些结构有一个共同的特点，那就是各种相互结构的主要功能不是编码对称关系，而是编码相互事件中各动作参与者的角色关系（Maslova，2008：336）。

2. 基于可进入以上结构的相互动词的分类

大部分的相互动词都可以进入简单结构和非连续结构，还有部分词不仅可以进入简单结构和非连续结构，还可以同时进入主宾结构或者隐性论元结构。有些词进入各种结构都可以表达相互义，但是有些词进入不同的结构会出现单向义的解读。

（1）可进入简单结构和非连续结构的动词

这类词包括“相遇”“相逢”“相爱”，还有通常以间接相互结构的形式出现的“讨论”“商量”“切磋”。所谓的间接相互结构，是指相互动词后通常会加上动作的对象，如“讨论问题”“商量事情”等。以下我们做一个分析对比。

相遇

①简单结构。

[44]那年，你我相遇在枫叶林中，两个花季少年在枫叶林中最老的一棵枫树下相识、相知。（网络）

②非连续结构。

[45]而与南郭子连墙二十年，不相谒请；相遇于道，目若不相见者。（《列子·仲尼》）

讨论

①简单结构。

[46]这个问题,他们讨论了一下午。

②非连续结构。

[47]张三曾和李四讨论过这个问题。

(2)可进入简单结构和主宾结构的动词

这类词的数量很少,如古汉语中的“遇”“逢”“邂逅”;现代汉语中的“遇到”“碰到”“对话”“结识”;既在古代汉语中出现,也在现代汉语中出现的“对垒”。

遇

①简单结构。

[48]夏,齐侯、陈侯、郑伯遇于垂。(《春秋·庄公四年》)

②非连续结构。

[49]于是至则围王离,与秦军遇,九战,绝其甬道。(司马迁《史记·项羽本纪》)

③主宾结构。

[50]子路从而后,遇丈人,以杖荷蓧。(《论语·微子》)

[51]大司马孔父嘉妻好,出,道遇太宰华督。(司马迁《史记·宋微子世家》)

遇到

①简单结构。

[52]今天竟看见你从这儿经过,咱俩有缘呀,分别这么多年没想到在这儿遇到了。(卞庆奎《中国北漂艺人生存实录》)

②主宾结构。

[53]我拆开一封邀请信,就此决定了自己选择的大学。跟着遇到了所嫁的人。(张晓风《我渴望赢》)

“遇到”出现在简单相互结构中的用例非常少见。“遇到”和“相遇”基本上是互补分布的。“相遇”一般出现在简单结构和非连续结构中,“遇到”一般出现在主宾结构中。

对垒

①简单结构。

[54]李牧曰:“两军对垒,国家安危,悬于一将,虽有君命,吾不敢从!”(冯梦龙《东周列国志》)

[55]甚至还有极其少见的棋摊,四五张一溜大大的木制棋盘,类似中国象棋的日本棋子,也是楚河汉界两军对垒,也是围观者众助威献策。(蒋濮《东京没有爱情》)

②非连续结构。

[56]却说,满也速营于东门之外,正与卫兵对垒 。(冯梦龙《东周列国志》)

[57]英国队将于下个月与美国队对垒。(网络)

③主宾结构。

[58]金止,中军禀对垒安大方营,禀讫,照后大方营图号施行。(戚继光《纪效新书》)

[59]此后,女排将会到新会对垒香港男排,继而赶赴台山与台山男排进行比赛。(网络)

[60]朵云轩拍场 王铎楷书对垒隶书。(《中国收藏》)

[61]“金刚女”对垒“太极男”。(网络)

不论是在古代汉语中,还是在现代汉语中,“对垒”在主宾结构中出现的用例都很少见,而且在现代汉语中一般用于标题中。

对话

①简单结构。

[62]“妹子芳年美质,后禄正长,佳期可待,何出此言?”此时两人对话,一递一来。(凌濛初《二刻拍案惊奇》)

[63]台湾当局不应该主张“台独”或谋求加入联合国,应该恢复两岸对话,实现“三通”。(网络)

②非连续结构。

[64]初隐百日，一年复见形，后遂长隐，但闻其声，与人对话，饮食如常。（李昉等《太平广记》）

[65]但真正第一次与王羲之对话，还得是这篇《兰亭集序》了。（网络）

③主宾结构。

[66]奥普拉对话奥巴马。（网络）

“对话”出现在简单结构和非连续结构中，古代汉语中就有，主宾结构是新出现的结构，而且一般只出现在网络的新闻标题中。“对话”这个词出现得比较晚，大概在北宋时期。而且还有一种常见的“相对||话”结构，如：

[67]天涯相对话平生，怅南北、还如箕斗。（沈端节《鹊桥仙》）

早期的对话义一般由“对语”来表达，如：

[68]遂举觞对语，宾主无愧色。（刘义庆《世说新语》）

相对来说，一些离合词如“见面”“吵架”“分手”类推出主宾结构的可能性相对较小。

结识

①简单结构。

[69]一个偶然，你的文字使我们结识。（网络）

[70]因为一场舞剧我们结识了。（网络）

② 非连续结构。

[71]怡芬姑母会告诉他们她如何结识了一个男子。（西西《像我这样的一个女子》）

[72]在 X 城演出不到一年工夫，便同一个姓秦的少年结识。（李广田《柳叶桃》）

③主宾结构。

[73]今天，我结识了一位新朋友。

我们搜索了北大语料库，没有找到“结识”出现在简单结构中的用例。结识的动作一般是由一方对另一方发出的，而简单结构中通常用双方关系对等的“相识”。所以说“结识”出现在简单结构中是一种非典型的用法。

（3）可进入简单结构、非连续结构和隐性论元结构的动词可进入简单结构、非连续结构和隐性论元结构的常见动词有“结婚”“吵架”“打架”等，如：

吵架

①简单结构。

[74]他们吵架了。

②非连续结构。

[75]张三又和李四吵架了。

③隐性论元结构。

[76]张三吵架了。

(4)可以进入简单结构、非连续结构和主宾结构，不都表相互义

有一类动词其本身兼有相互动词和单向动词的属性，但表相互义的情况居多，Hass(2010：3)将这类词称为“原型性相互谓词(prototypically reciprocal predicates)”，如：

拥抱

①简单结构。

[77]一棵棵已经抽穗的稻谷，紧紧地拥抱在一起，等待着农民收割时的笑声。(网络)

②非连续结构。

[78]再一次与她拥抱，是在三年后的一个深秋。(网络)

③主宾结构。

[79]我追逐着温馨的风儿；我追逐天空七彩祥云，我拥抱着祥云底下金色的稻田，殷红的果园，腾跃的鱼塘，奔逐的牧场。(今石《茉莉花仙子》)

“拥抱”一般出现在简单结构和主宾结构中，出现在非连续结构中的情况不是很常见，出现在主宾结构中时，表达的是单向义。

认识

① 简单结构。

[80]我觉得奇怪，我们并不认识，他大概认错人了吧？我继续走我的路。(纪太年《回南街上》)

[81]逐渐地，我和他们认识了，彼此见面打招呼，因为我们毕竟都是从学校刚出来的，应该是心有灵犀。(网络)

②非连续结构。

[82]张三是在食堂吃饭的时候和李四认识的。

③主宾结构。

[83]我当时就问他："你可认识我?"他答不认识，我很奇怪地答道："连我都不认识，你也太孤陋寡闻了吧……"(杨蓉《总有一些时刻是我们自己的》)

[84]虽然那些人的面孔我很熟悉，但我从不认识他们。(吴昕孺《街》)

"认识"出现在主宾结构中表达的是单向义。

3. 相互层级出现的认知、语用与语篇动因

从理论上来说，原型相互结构内部论元的关系是对等、反向的。但在具体语境中，除了部分简单相互结构，其他结构的论元位置是不可以随意调换的。即使在简单结构中，在某些情况下，由于受到语用与语篇因素的制约，有些论元的位置也是不可以随意调换的。Jespersen(1949:54)指出说话人会把自己认为较为突显的成分居前。文旭(2001:92)也认为更具"心理突显"特征的成分往往居前，如：有生的在无生的前面，human and nature；人类在动植物前面，the beauty and the beast；正面的在负面的前面，positive and negative。Jakobson 在谈论语言的象似性原则时，认为句中名词的排列顺序映射了现实世界中的等级秩序。如：

The president and the secretary of the state attended the meeting.

他指出对事件参与者的排列顺序"是不可逆的，因为在句子中先出现意味着具有更高的政治地位"(Jakobson，1990:412)。而且，在相邻语对中，接话者是不能随意改变论元的顺序的，如：

A：我和 X……(停顿)

B：你和 X 经常联系?

根据 Dowty(1991)对原型角色的界定，在主语位置的论元具有以下特征：(1)意志性；(2)感知性；(3)对另一动作参与者来说，会引发新的事件或

者改变原来事件的状态。在相互结构中，主语论元一般具有以上特征，而相对于主语论元的伴随性论元不一定具备以上特征。而且，根据“自我中心原则(Me First Principle)”(Cooper & Ross，1975)先提及的实体通常具有原型话语发出者的特征，如此时、此地、成人、积极、单数、友好、有生等。次提及的实体缺乏以上特征中的某些特征，如：

[85]冲进屋檐下的骑楼，抬头正与一个厢壁的石雕相遇，那石雕今日仍在，一起走过雨路的人，却远了。(林清玄《季节十二贴》)

语句的结构可能反映了说话人有意识的交际意图(Lambrecht，1994)。所以说，相互结构中各论元出现的顺序通常受到许多语言外部因素的制约。从语用的角度看，两个论元以什么句法形式来实现是受言谈的目的、语境、线索等要素制约的。一般情况是，把宜于作话题——言谈的起点的成分安排在句首(充当 NP_1)，NP_1 是 Va 所表示的协同行为的主动者；另一方配合 NP_1 完成这一协同行为(充当 NP_2)，NP_2 是这一协同行为的参与者，通过用介词“和”“同”“跟”“与”引导 NP_2 来表示这种参与关系(袁毓林，2010：302)，如：

[86]我收拾打扮了一番，步行着去红房子咖啡屋与吴琼见面 。(卞庆奎《中国北漂艺人生存实录》)

根据语篇的衔接与连贯的原则，同一句子内的各分句的主语一般是一致的。段落的衔接与连贯也是一样，通常把作为整个篇章的话题的主要论元置于句首，而伴随论元置后。

[87]传说但丁与他的恋人在此相遇，可那只是一个凄美的爱情故事：9岁的但丁，竟对贝雅德丽齐一见倾心，难以忘怀。8年后，但丁与贝雅德丽齐在旧桥上再次相见。(赵畅《意大利》)

以上这段话谈论的都是“但丁”，“他的恋人”即贝雅德丽齐在整个语段中都处于伴随论元的位置，这与语篇的衔接和连贯是直接相关的。现实交际中的话语也同样遵循语篇连贯原则，如：

[88]我和X是问路认识的，X和Y是吃饭认识的。

[89]A：你今天怎么这么帅啊？

B:因为我知道今天会遇到你啊!

在现实交际中,通常是在场的谈话者会先出现,不在场者后出现,但是如果在场者居前原则与语篇连贯原则相冲突时,语篇连贯原则会让位于在场者居前原则,如:

[90]他们为什么不管你,你和他们吵过架?

袁毓林(2010:301)认为,因为 Va 所表示的动作是对称性的,所以它要求与之同现的 NP_1 和 NP_2 也在语义上具有对称性。即 NP_1 和 NP_2 互为镜像,如果 NP_1 有[+人]这一语义特征,则其镜像 NP_2 也必然有[+人]这一语义特征,反之亦然;如果 NP_2 有[+物]这一语义特征,则其镜像 NP_1 也必然有[+物]这一语义特征,反之亦然。他指出人与物搭配、物与物搭配是一种修辞用法,如:

[91]相看两不厌,唯有敬亭山。(李白《独坐敬亭山》)

"相看"表达的是典型的相互义,在以上例句中可以看成修辞用法,但是像"拥抱"这样的非典型的相互动词,就可以看成是普通的表示单向义的用法了:

[92]带着思念,穿越漫长的冬季,拥抱春花烂漫。(网络)

如果动作参与者的意志性等级不同,相互性动词也会出现非相互的用法,如:

匈牙利语(Rákosi,2003:79)

Én　nem　veszeked-t-em

我　没有　吵—过去—第一人称单数

János-sal,　ö　veszeked-ett　vel-em.

John-和　他　吵—过去　和—第一人称单数

我没有和他吵架,他和我吵架。

英语

Nowadays women are dating men rather than the other way round.

现在是女人约会男人,而不是相反。

也就是说,即使由典型相互动词编码的相互事件,在具体的语境中,动作参与者对等，反向的对称关系也是可以撤销的。

以上部分讨论了相互义建构的认知、语用与语篇因素的制约。现在，我们以“私通”为例来看看简单结构、非连续结构和主宾结构，这三种主要的相互义表义结构，动作参与者在认知突显度上的差异及语篇建构方式的区别。

私通

①简单结构。

[93]再说武三思，自与武后入宫后，常与韦后眉来眼去，二人遂私通起来。情如胶漆，十分恩爱。（如莲居士《反唐演义传》）

②非连续结构。

[94]卓入后堂，唤貂蝉问曰：“汝何与吕布私通耶？”蝉泣曰：“妾在后园看花，吕布突至。妾方惊避，布曰：‘我乃太师之子，何必相避？’提戟赶妾至凤仪亭……”（罗贯中《三国演义》）

[95]公子庆父生得魁伟轩昂，姜氏看上了他，阴使内侍往来通语，遂与庆父私通，情好甚密。（冯梦龙《东周列国志》）

③主宾结构。

[96]四年，鲁桓公与夫人如齐，齐襄公故尝私通鲁夫人。（司马迁《史记·齐太公世家》）

三种结构的区别在于第二个动作参与者的认知突显度上。第一种结构的两个动作参与者具有同等的地位。如第一例，动作也许是武三思发起的，但叙述者把重点放在两人私通这一事件上。“情如胶漆，十分恩爱”描写的也是两人私通后的状态，采用简单结构可以增进语篇的连贯。第二种结构中，有些动作由哪一方发起是不确定的，只是叙述者主观认定动作由居前论元发起；有些可以从具体语境中判断，动作由哪一方发起。而且哪一方居前，不仅取决于叙述者或者作者认为动作由谁发出，而且取决于后续语篇把哪一方作为话题。第三种结构和第二种结构的区别不是很大，只是其结构决定了主语是动作的发出者，宾语是动作的接受者，这与一般的主谓宾结构没有太大的区别，由于主谓宾结构施事论元居前的特性，所以可以违反语篇连贯准则，把施事主语提前。

“私通”不论在古代汉语还是在现代汉语中都有两个意思——通奸、私下勾结。以上例子中的“私通”是“通奸”义。做“私下勾结”义用时，表达的是单向义。

(二)相互动词的价变化

关于相互动词的配价问题，国内学者(袁毓林，1989、1998、2010；张谊生，1997；刘丹青，2000)已做过详细探讨，所以这里只是简单介绍从非相互动词到相互动词的句法实现方式，并做相应的跨语言比较。非相互性动词经过相互性编码后，会出现价减少的情况，如：

a. 张三爱上了李四，李四爱上了张三。

b. 张三和李四相爱了。

这不是汉语特有的现象，在很多语言中，频繁出现在句式相互结构中的动词很容易和表相互义的词缀发生融合，在频繁使用中，变得不可分析。由此派生而成的相互动词往往是不及物的。Faltz(1985) 把这种现象刻画为 $P(x,x)=P_R(x)$，其中施事论元和受事论元整合为一个论元。Reinhart 和 Siloni(2005)则用公式表示：

Reciprocalization in the lexicon(词汇相互化)

Bundling(绑定)：V(ACC) [θi] [θj]→V [θi-θj]

两个 θ 角色绑定以后，动词丢失其处置宾语的能力，所以价减少。

部分相互动词本身可以用主宾结构来表达相互义，但也可以用以上方式进行去及物化操作，如：

a. 这个村庄距那个村庄不过一里路。

b. 两村相距不过一里路。

a. John met Mary and Marymet John.

b. John and Mary met.

a. 张三遇到了李四，李四遇到了张三。

b. 张三和李四相遇了。

在多数语言中，如果相互标记在动词上，很可能会出现论元减少的情况，汉语也一样，但有些语言并非如此，如：

喀里多尼亚语（Moyse-Faurie，2008：120）

Nyärä	pu-kêgai	Nyärä
第三人称复数	互相一掐	第三人称复数

他们互相掐。

Nyärä	kêgai	Nyärä
第三人称复数	掐	第三人称复数

他们掐了他们。

（三）相互动词与"都"和"一起"的共现

1. 相互动词与"都"的共现

语法学界认为"都"一般有以下几种用法：(1)表示总括全部（吕叔湘，1999：177）；(2)加合功能（袁毓林，2005）；(3)分配量化功能（袁毓林，2005；张庆文等，2013）。和"一起"不同，"都"的以上属性决定了"都"在大部分情况下不能与相互词汇共现用于表达相互义，如：

a. 张三和李四都是老乡。

b. 张三和李四都相爱了。

虽然"都"与相互词汇在语义上相斥，但并不是说"都"不能与它们共现。"都"与相互词汇共现时，表达的是另外一种意思，如：

c. 张三和李四都结婚了。

"结婚"是典型的相互动词，例句中的"都"为分配量化副词（张庆文等，2013：249），分配算子"都"使事件具有复数义，跟部分对称性谓词有不相容性（袁毓林，2005：291），所以说以上例句只能表达"张三结婚了"，"李四也结婚了"，张三和李四并不是彼此的结婚对象。

d. 张三和李四都打架了。

d 表示的意思可能是张三和李四一起和别人打架，他们打架的对象相同；也可能是张三和李四都和别人打架了，他们打架的对象不同。以上例子中，相互动词的动作对象都是隐含的，但不可能是张三和李四打架。

“打架”参与的主体可以是两个或者多于两个,但“结婚”只能表示动作参与者为二的最简相互事件,所以“结婚”严格排斥其他能表达相互义的成分,如果和表相互义的成分结合时会在动作参与者集合内部产生非相互义的解读。其他语言中也有类似的情况,比如在日语中,“结婚”也不可以和表相互义的其他成分共现,这也许是受到语言经济性原则的制约。

2.相互动词与“一起”的共现

《现代汉语词典》收录了“一起”的三个义项。同一个处所,如:坐在一起。一同,如:张大叔明天进城,你一起去吧。方言:一共。“一起”在具体语境中的表现相当复杂,可以表现共同义、伴随义、相互义。

“一起”较常见的用法是表达共同义和伴随义,在一般情况下,不与句法相互式和词汇相互式共现,表达共同义时,表达实指的同一处所时,其表意功能一般由“在一起”这个结构来完成。“在一起”可以单用,但置于动词后,充当动词宾语的情况比较常见,如:

[97]他看见这么多人在一起,只觉得热闹极了。(路遥《平凡的世界》)

[98]只要她和亲爱的人在一起,饿肚子心里也是畅快的!(路遥《平凡的世界》)

[99]文工团就和师部住在一起。(路遥《平凡的世界》)

[100]他说总要和回回坐在一起抽抽烟,聊聊奇闻轶事。(贾平凹《鸡窝洼人家》)

[101]因为你讲的长在一起的花瓣,实际上是捧瓣,也不能算长在一起。(网络)

储诚志(1997)在讨论“现代汉语里一致义短语的构成方式”时提到,将述宾结构“在一起”“到一块儿”等放在行为动作的谓词前后,表示 N_1 和 N_2 的行为在处所上的一致性。他举的例子是“老王和小张在一起工作”。我们认为这里的“在一起”不仅表示处所上的一致性,同时也表示时间上的一致性。静态动词和“(在)一起”同现一般表处所上的一致性,但如果动态动词和“(在)一起”同现,可以表时间上的一致性,更多情况下表示时间、处所一致性。

(1)“一起”表共同义

“一起”是一个表示共同义的标记性词汇，可以表示时间上的共同性；可以表示空间上的共同性；也可以同时表达时空上的共同性。

表时间的，如：

大家一起唱。

表空间的，如：

大家坐在一起。

同时表时间和空间的，如：

我们经常在一起吃饭。

(2)“一起”表伴随义

[102]走，我陪你一起去。(莫言《蛙》)

[103]玉亭本来吃完饭就准备和凤英一起过金家湾那边去。(路遥《平凡的世界》)

[104]但自己这把年龄，跟年轻人一起来练菜摊显然是不合适了，跟徒弟去拉三轮更不合适。(莫言《师傅越来越幽默》)

“一起”在表共同义和伴随义时，各个动作参与者可以独立完成某一动作，不存在相互影响的关系，如在例句“玉亭本来吃完饭就准备过金家湾那边去”中这是成立的。

(3)“一起”表相互义

受“一起”修饰的动作一般是各个动作参与者可以独立完成的，这种语义特征与相互义会出现矛盾。所以，“一起”只可以和少量的相互动词共现，表达相互义，如：

[105]公社副主任徐治功、武装专干杨高虎和孙玉亭一起商量怎样开这个会。(路遥《平凡的世界》)

[106]她和梁宗岱一起切磋法语，交谈东方诗歌和文化。(徐剑《本真诗人梁宗岱》)

[107]我经常听到他在隔壁房间里反复吟唱新作，写就后跑来找我一起讨论。(瞿维《往事追忆》)

我们认为像“商量”“切磋”“讨论”这类词能与“一起”共现是由其语义特征决定的。这类动词动作参与者间相互作用的关系不是很显著，也就是说在各个次事件中侧重于各个主体发表自己的观点，对其他主体造成的影响不是很大；而且这些动作都要在具体的时空中发生。这些特征决定了这类词与“一起”共现的可接受度会比较高。“商量”“切磋”“讨论”同时具有相互义和共同义，是处于相互范畴和共同范畴边界上的成员，所以它们既能受“相互”“互相”的修饰，也能受“一起”的修饰。

和“都”一样，“一起”和典型的相互动词同现，也可以有另一种解读，如：

张三和李四一起打架。

以上这个例句一般是指张三和李四一起和别人打架，而不是张三和李四打架。也就是说在受“一起”修饰后，“打架”的相互性不再在张三和李四间实现。“结婚”也一样，如：

张三和李四一起结婚。

以上例句也不是说张三结婚的对象是李四，李四的结婚对象是张三，而是说张三和李四分别有各自的结婚对象。所以说当“一起”与典型相互动词同现时，会阻碍相互性在各个论元间的实现。

表结果的“在一起”可以后置于部分表相互义的动词，和动词一起共同表达相互义，如：

[108]高级咖啡的香味儿，与鲜花的清香交融在一起飘过来，让我们受到熏陶。（莫言《蛙》）

[109]家里、队里和村里的事交织在一起，乱得像“三国”一样。（路遥《平凡的世界》）

[110]菜的气味、肉的气味、鱼的气味、油炸食品的气味混合在一起扑面而来。（莫言《师傅越来越幽默》）

相互动词和“（在）一起”连用，表达的是一种心理空间或者物理空间上的一致性。所以说只有非典型的，处于相互范畴和共同范畴边界的模糊地带的动词才能和“（在）一起”共现。

典型相互动词和“一起”连用是受到严格限制的，这是因为相互动词的互指语义特征与"一起"的表共同义的语义特征相互矛盾，如：

我们一起相遇了。

张三和李四一起交换了礼物。

静态相互动词和"(在)一起"同现一般表处所上的一致性，动态相互动词和"(在)一起"同现，可以表时间上的一致性，更多情况下表示时间、处所的一致性。"一起"可以做一部分相互动词的前置修饰语，是由于这部分动词对时空一致性的要求比较严格，而且含有共同义。"在一起"后置于相互动词强调的是空间上的相互关系。

三、宾语取向的相互结构

宾语取向的相互结构是指相互性在处在宾语位置的各个论元间实现的相互结构。出现在宾语取向的相互结构中的动词本身须具有相互性。宾语取向的相互结构主要有两种表现形式，一种是指主语要求、致使宾语中的各论元发生相互关系，这种结构通常以兼语句的形式出现，前一个动词通常为使令动词，如"使""让""叫""命令""吩咐"等。

[111]他常常以折腾伙计为乐，还要他们互相厮打，说是学本事、练本领。(网络)

[112]高山叹了一口气，叮嘱孩子们要互相帮助搞好团结，晚上早点休息别说话。(网络)

另一种是主语致使宾语中的各论元在物理空间或者心理空间上发生关联，如：

[113]少平把两根纸烟接在一起，贪婪地吸着，走回了他的宿舍。(路遥《平凡的世界》)

[114]田五别出心裁，将秧歌和"链子嘴"串在一起。(路遥《平凡的世界》)

由于第一种表现形式，宾语各论元的相互义实现方式和主语取向的相互结构区别不是很大，我们重点讨论第二种表现形式。

(一)相互动词和"在一起"的共现

在宾语取向的相互结构中，动词一般都和"在一起"共现，而且通常以

"把"字句和"将"字句的形式出现，其中"把"字结构居多；宾语一般是定指成分，主语可以是人，也可以是抽象事物。"在一起"还有同义表达形式"在了一起"和"起来"等。

1. 主语指人

[115]他把自己的一点零七碎八收罗在一起，就一个人出了校门。（路遥《平凡的世界》）

[116]她们把课桌从教室里抬出两张来，拼在一起放到人群面前。（路遥《平凡的世界》）

[117]"坚决正确！"晓霞把两个不能连在一起的词连在一起，笑着对他说。（路遥《平凡的世界》）

[118]他曾怀着多么热烈的感情把这些左邻右舍拢合在一起。（路遥《平凡的世界》）

2. 主语指抽象事物

[119]理想、信念、友谊把我们联系在一起。

[120]命运把我们联系在了一起。

宾语取向的相互结构中的动词一般都是相互动词，但能进入这个结构的相互动词在相互范畴中的地位是不同的，典型的相互动词包括"粘""拼""连""混合"等。这类动词强制要求宾语位置有两个或者两个以上的论元同时出现，通过某种外力使宾语位置的各个论元发生联系，如：

他把两张纸粘在一起。

一旦"粘"这个动作实现，两张纸的关系就被绑定而不可拆分。根据我们对相互关系的定义，即甲和乙的关系与乙和甲的关系一致，而且有"加而且合"的特征，那么甲和乙就有相互关系，我们可以把"粘"看成相互动词。再看"绑"这个词：

他把张三和李四绑在一起。

和"粘"一样，一旦动作实现，张三和李四的关系也被绑定而不可拆分。但和"粘"不同的是，"绑"这个动作并不强制要求两个或者多个论元同时出现，就绑一个张三可以，就绑一个李四也可以。也就是说"绑在一起"这个结构中的相互义是由“绑”这个动词和“在一起”共同作用而产生的。再看“放”：

他把两本书放在一起。

和以上两个结构不同的是，“放”这个动作只是使两本书在同一空间出现，而不会使两本书出现绑定关系，也就是说拿掉一本书，不会对另一本书产生影响。

我们认为在“粘在一起”结构中，相互义是由相互动词“粘”和“在一起”共同实现的；在“绑在一起”结构中，相互义是由类相互动词“绑”和“在一起”实现的；而非相互动词“放”和“在一起”同现不能表达相互义，而只能表达共同义。我们还可以用“互相”来验证“粘在一起”“绑在一起”和“放在一起”是否真的存在区别。“互相粘在一起”“互相绑在一起”可以说，但是“互相放在一起”不能说。在相互事件中，要么不存在次事件，也就是说整个事件不可切分；要么存在次事件，各个次事件中一个动作参与者会对另一个动作参与者产生影响。“粘在一起”“绑在一起”表达的相互事件是不可切分的。在共同事件中，内部可以做次事件的切分，在各个次事件中，一个动作参与者不会对另一个动作参与者产生影响。所以说，“放在一起”表达的是共同事件。

经过以上分析，我们可以发现，“粘”是典型的相互动词，“绑”是一种介于相互和非相互间的词，可以通过和“在一起”共现，使相互义得到突显。“放”是非相互动词，和“在一起”共现只能实现共同义。这种区别是由动词的不同语义特征导致的，因为“粘”强制要求两个论元同现；“绑”对论元的数量没有要求，也就是说绑一个也可以，绑两个也可以，绑多个也可以，当论元数量大于等于二时，“绑”就会呈现和“粘”相似的用法，也就是说通过一个动作就可以让两个或者多个论元发生联系。这也是“绑在一起”会出现相互义的原因。所以我们把“绑”看成是宾语取向相互结构中的非典型相互动词。

“把两张纸粘在一起”中的“粘”的表达的语义是通过“胶水”等把两个物体连在一起，这是“粘”典型的表相互义的用法。还有一种语义是表示把某物附着于另一物体上，如：

他把纸粘在了墙上。

我们认为不论哪种用法,“粘”都有使两个物体相连的语义特征。“他把纸粘在了墙上”是以墙为目标,用外力使纸向墙靠近,“粘”的动作直接作用于墙,这种带有方向性的动作促发了整个结构单向义的产生。也就是说这种有单一方向性的动作会阻碍相互义的实现,即这种单向义是由结构带来的,而不是“粘”的本质属性,如:

a.他坐到她的旁边。

b.他坐在她的旁边。

在a中,“坐”这个动作是有方向性的,这种方向性会阻碍整个结构相互义的实现。也就是说在a句中两个论元的关系不可逆反。而b句“坐”这个动作是静态的,没有方向性,两个论元的关系也是可以逆反的。

而且我们认为“把纸和墙粘在一起”的说法很突兀;“把这张纸粘到那张纸上”也同样很突兀,这是因为宾语取向的相互结构同样受到“图形一背景”效应的制约。我们通常会把面积小的作为图形,面积大的作为背景。同时突显图形和背景会很别扭。而把大小相当的两个物体,一个作为图形,一个作为背景也同样会很别扭。

(二)去致使化(decausativization)

Levin 和 Hovav(1995)认为,去致使化是把一个二元动词变成一元动词,即去掉一个表施事的域外论元,保留表受事的域内论元。去致使化的结果是使宾语提升至主语的位置,动词的价减少,如:

a.张三把两张纸粘在了一起。

b.两张纸粘在了一起。

其他的例子:

[121]两张饭桌拼接起来,桌子周围,挤上了二十几把椅子,我们肩膀挨着肩膀坐在一起。(莫言《蛙》)

与汉语不同的是,在日语中,经过去致使化的结构,动词会发生变形:

彼	は	二枚	の	紙	を	くっつけ	た。
他	主格标记	两张	的	纸	宾格标记	粘(他动)	过去

他把两张纸粘在一起了。

以上例句中“くっつける”是他动词,使用他动词的句子,句子中需要出现动作发出者。如果不需要考虑动作发出者是谁,或者造成的状态是非人为的,则使用自动词“くっついる”:

二枚の紙　　は　　　くっつい　　　ている。

两张的纸 主格标记　　粘(自动)　　　状态

两张纸粘在一起了。

相互动词部分,我们分别讨论了主语取向的相互结构和宾语取向的相互结构。在主语取向的相互结构中,相互关系由处于主语位置的论元实现;在宾语取向的相互结构中,相互关系由处于宾语位置的论元实现。

主语取向的相互结构部分,主要考察了由相互动词编码的相互义表义结构的四种类型,这四种类型反映了论元语用对称等级的不同。从逻辑层面上来说,各论元的地位是平等的,关系是反向的。出现论元对称的偏离是由语用、语篇和认知因素造成的。能同时进入四种结构的相互动词几乎不存在,部分相互动词能进入简单结构、非连续性结构和主宾结构,如“对垒”;部分相互动词能进入简单结构、非连续性结构和隐性论元结构,如“打架”;部分相互动词能进入简单结构、非连续性结构和主宾结构,但不都表相互义,如“拥抱”。而且从古汉语到现代汉语,部分词汇的用法发生了变化。另外考察了相互动词和“都”“一起”的共现情况,相互动词是否能和“都”“一起”共现,共现后会表现出怎样的特征和动词本身的属性直接相关。

宾语取向的相互结构部分,主要考察了相互动词和“在一起”的相互作用问题。在宾语取向的相互结构中,论元间的相互关系是由“动词”和“在一起”共同作用而产生的。去致使化会把宾语提升至主语位置,在汉语中动词保持不变,而在日语中动词会发生变形。

第三节　相互形容词

因为形容词和动词有很多相似的地方，所以现有文献对相互形容词的关注不是很多，刘丹青(1987)简单地讨论过相互形容词的配价情况，谭景春(1992)在讨论“多指形容词”时略有提及，认为“相同”“相似”“相仿”“相像”“类似”“一致”“一样”“相称”等词含有比较的意义，表示双方或多方的同与不同；还有一类表示彼此关系的亲疏、远近等意义，如“要好”“密切”“友好”等，这些词表示人际关系，关系至少涉及两方，仅一方不存在相互关系。

大部分的相互形容词都可以表示简单结构和非连续结构，如：

a. 他们俩很要好。

b. 张三和李四很要好。

c. 张三(一直)跟李四很要好。

我们把含有比较义的相互形容词称为“对比”类相互形容词；把表示彼此关系的亲疏、远近等意义的相互形容词称为“亲疏”类相互形容词，本章将主要探讨含有这两类相互形容词的结构。

一、“对比”类相互形容词

“对比”类相互形容词表示的是双方或者多方“同”与“不同”的关系，如“相同”“一样”“相反”等。只有在像“这两件衣服是一样的”“他们的观点是相反的”这种结构中，各论元的关系才是真正对等的，在其他结构中，论元会出现主次的区别。比如，在“A 和 B 相同/相似/相仿”中，主语 A，有一个参照对象 B，“A 和 B 相同/相似/相仿”的逆反形式“B 和 A 相同/相似/相仿”在很多情况下并非完全等同，出现差异的原因在于两者选取的参照点不同。事实上，把哪个当作变量，把哪个当作参照点，基本上取决于两个成分的突显度。如果两者的突显度相同，两个成分的位置可以随意调换，如：

a. 张三和李四长相相似，脾气也一样。

b. 李四和张三长相相似，脾气也一样。

这两个句子基本上是等同的。如果突显度存在层级差异，在不考虑其他因素的情况下，我们往往把在认知上更为突显的成分作为参照点；把不太突显的成分，或者说是变量作为主语，如：

a. 我的一个同学和贝克汉姆长相相似。

b. 贝克汉姆和我的一个同学长相相似。

同样是说两个人的长相相似，但由于认知突显的原因，有的在语用上是对称的，有的却是不对称的。这种认知突显是指在不考虑语境因素的情况下的突显。如果甲乙两人正在谈论贝克汉姆，考虑到语篇的连贯性，贝克汉姆也可以作为变量，出现在句首。如：

a. 贝克汉姆长得真帅。

b. 嗯，他的长相和我的一个同学非常相似。

由于贝克汉姆是著名的球星，大家对他的长相较为熟悉，认知突显度也较高，往往作为参照论元，也就是比较基准出现。但是在以上例子中，由于受到话题连续性的影响，原本居后的参照论元被提前到主语位置。但这种论元提前的情况只是选择性的，而非强制性的。

但是有些结构同时受认知突显度和社会文化语境归约性排序的共同制约，这些结构是在任何情况下都不可以逆转的。

那个孩子的脾气和他父亲一样。

而且，说话者通常会把共有信息作为参照点，如：

其实，我的观点和你的观点是一致的。

如果用“甲”指“我”，用“乙”指“你”，甲在听了乙的意见后一般会说“我的观点和你的观点是一致的”而不会说“你的观点和我的观点是一致的”。这是因为“你的观点”对说话者和听话者来说是共有信息，共有信息往往以参照基准的形式出现。听话者只有知道对方的观点是什么，才能得出自己的观点和对方是一致还是相反的结论。所以把已知信息作为参照基准，是一种比较符合习惯的表达法。其实，这与隐喻的运作机制，即把熟悉的作为源域，把不熟悉的作为目标域是相通的，如我们会说“人生就像一场旅行”，但我们不会说“旅行就像人生”。Hausman(1989)认为隐喻的源域和目标域具有双向关系，也就是说两域可以互换。Lakoff 和 Turner(1989)则认为如果两域可以互换，那就无所谓源域和目标域了。我们认为源域和目标域的关系应该是单向的，如“人生如戏”“戏如人生”这两个隐喻从表面上看具有双向关系，事实上，这两个隐喻突显的相似点是有所区别的。“人生如戏”突出的是“戏”的特征，如每个人都扮演着不同的角色；“戏如人生”突出的是戏的逼真性，其情节的安排和现实生活没什么两样。

总的来说，“对比”类相互形容词结构同样表达一种逻辑对称关系，其所谓的对称偏离是由论元的认知突显度差异、社会文化因素和语篇因素造成的。

二、“亲疏”类相互形容词

“亲疏”类相互形容词表示的是人际关系的亲疏远近，如“密切”“友好”“要好”等。“亲疏”类相互形容词也同样有简单结构，如：

我们的关系一直很好。

在简单结构中两个论元有着同等的地位，两者的凸显度相同。“亲疏”类相互形容词也同样有非连续结构，如：

他一直都和她很要好。

由于“亲疏”表示的是一种人际关系，所以这部分形容词的主语通常是“关系”，如：

他们的关系很密切。

张三和李四的关系很密切。

他们的关系很好。

张三和李四的关系很好。

和非典型相互动词“拥抱”“认识”一样，相互形容词集合中也存在非典型的成员，如“友好”“好”。也就是说，在有些情况下，“友好”可以表示相互义，如：

两个国家一直以来都很友好。

但是在有些情况下,"友好"也可以表示单向义,如:

我们对他很友好,他却对我们很不客气。

何时表达相互义,何时表达单向义和出现的具体语境有着直接的联系。和"对比"类相互形容词结构相比,在"亲疏"类相互形容词结构中,后出现的论元不是以参照论元的形式存在,而是作为伴随论元存在,处于从属地位。

由以上分析我们可以得出,相互形容词可以分为两类,在"比较"类相互形容词结构中,论元的互相参照特征显著,从认知角度,会出现论元主次地位的区别,即"图形一背景"效应,而且处于主要地位的参照论元一般居后。在"亲疏"类相互形容词结构中,居后论元以伴随论元存在,处于从属地位。

第四节　隐性相互词汇的语义漂移

与其他词汇一样,相互词汇也会发生语义漂移,由此产生新的意义,这种新产生的意义会和原来的意义共存或者取代原来的意义。如,俄语中的"vstrechat'sja(遇到;相遇)"也可以表达"约会"的意思,但表约会义时,不能带宾语。(Siloni,2008: 467)汉语中的相互词汇的语义漂移现象也很常见,相互名词和相互形容词发生语义漂移的情况较少,最常见的是相互动词。

同志

"同志"最初的用法是作动词,指志趣相同、志向相同,如:

[122]同德则同心,同心则同志。(左丘明《国语·晋语·四》)

后来指志趣相同的人,如:

[123]余今略钞金丹之都较,以示后之同志好之者。其勤求之……(葛洪《抱朴子·内篇·卷四》)

[124]乐得与二三同志,酒余饭饱,雨夕灯窗,同消寂寞。(曹雪芹《红楼梦》)

到近代,专指为共同的理想和事业而奋斗的人,如"革命同志",后来"同志"的用法泛化,成为一种不分年龄、性别、职业、职位的社会通用称谓。改革开放以后,“老板”“经理”等标榜社会身份的词取代了“同志”。而且受到港台文化的影响,“同志”被赋予了新的意义,即“同性恋者”。

分手

“分手”在古汉语中主要表达离别义,如:

[125]三人分手,各自散了。(凌濛初《二刻拍案惊奇》)

[126]各人分手作别。(西周生《醒世姻缘传》)

“分手”不仅可以用于多方主体,还可以用于双方主体。

[127]愁多不忍醒时别,想极还寻静处行。谁遣同衾又分手,不如行路本无情。(长孙佐辅《别友人》)

[128]关山客子路,花柳帝王城。此中一分手,相顾怜无声。(卢照邻《送二兄入蜀》)

[129]你我不必同行,就此分手,各干营生去罢。(曹雪芹《红楼梦》)

在现代汉语中,“分手”的语义发生了转变,在大部分情况下表示恋人间结束恋爱关系。我们搜索了北大语料库,“分手”在现代汉语中表离别义的例子已不多见,而且仅表示双方主体间的行为,如:

[130]临分手时,也送了一本他们自己汇编的有关减轻农民负担的中央历次做出的具体规定。(陈桂棣《中国农民调查》)

[131]分手时,朱镕基已经上了车。(陈桂棣《中国农民调查》)

交流

古代汉语中的“交流”是指水流互相交错,如:

[132]载酒欲寻江上舟,出门无路水交流。黄昏独倚春风立,看却花开触地愁。(王安石《载酒》)

[133]鸣鸠村暗晓寒天,白水交流乱野田。落尽残红春不管,一川风雨阁榆烟。(周权《雨后》)

[134]苑烟光近白楼,黄河清渭两交流。牛羊落日新丘垄,杨柳春风古渡头。(韩邦靖《漫成》)

[135]深深藤萝谷,袅袅松筠径。涧涧水交流,山山鸟相应。低低一个庵,寂寂数声磬。皎皎青天月,团团如宝镜。(张守约《拟寒山诗》)

[136]汩汩几时休，从春复到秋。只言池未满，池满强交流。（韩愈《流水》）

现代汉语中，“交流”的水流交错义已经基本退却，而指互相沟通信息，其实这是一种隐喻性的用法。

当隐性相互词汇发生语义漂移后，大部分还是会保留原来的相互义，少数例外，如“同志”从原来表共同义的动词转变成后来表相互义的名词，再后来意义泛化，现在已经发展出非相互义用法。

第五节　本章小结

本章主要考察了相互名词、相互动词和相互形容词的句法、语义、语用表现。由于相互动词结构的句法研究，特别是相互动词的配价研究已较为充分，所以本研究以考察语义和语用表现为主。在由以上三类词实现的相互结构中，大部分情况下论元的分布情况及论元的对称关系都会受到语篇、语用和认知因素的制约。不同的词根据不同的情况可以进入各动作参与者的地位平等的简单相互结构，各动作参与者地位有主从区别的非连续相互结构，主宾结构和隐性论元结构。

相互名词可以分为两类：社会关系名词和空间关系名词。部分社会关系名词，只能出现在论元有主从区别的结构中，如“爱人”，两个论元的关系受到“图形—背景”效应的制约。空间关系名词相互结构也一样，只有当论元在几何特征上较为接近时才能处于平等地位，在其他情况中，论元的地位会有主从的区分，同样受到“图形—背景”效应的制约。

相互动词结构根据论元语用对称等级的不同，表现为四种结构类型，即简单结构、非连续结构、主宾结构、隐性论元结构。在这四种结构中论元的对称等级依次由高到低。出现论元对称等级偏离的主要原因是语用、语篇和认知因素的制约。

相互形容词可以分为两类，“对比”类相互形容词和“亲疏”类相互形容词。在“对比”类相互形容词结构中，在认知上较为突显的论元居后。和“对比”类相互形容词结构相比，“亲疏”类相互形容词结构各论元发生语用对称偏离的情况较少。

与其他词汇一样，相互词汇也会发生语义漂移，但是发生语义转变后，大部分都保留相互义。由原来作为副词性成分的“相”“互”构成的相互谓词，稳定性较强。较易发生语义漂移也是实词的共性。

第四章　显性相互词汇结构

在显性相互词汇中，相互义是显性存在的，无须通过语义特征提取。相互义就是显性相互词汇的核心语义，也就是说除了相互义，显性相互词汇没有或者很少有其他语义。显性相互词汇已经或多或少地发展出了一种标记相互义的功能，也就是说其主要功能是起修饰作用。汉语中的显性相互词汇主要包括相互代词和相互副词。相互代词是指“彼此”。“彼此”在有些情况下可以处于主宾语的位置，处于主宾语位置的“彼此”除表相互义，还具有指代功能。但我们认为“彼此”作为一种副词性代词，其主要功能和相互副词比较接近，所以把相互代词和相互副词都纳入显性相互词汇进行讨论。相互副词包括“相互”“互相”“相”“互”。“相”和“互”在古汉语中都是可以单用的词，后来与其后部分词语凝固成词，在现代汉语中，很多情况下，作为构词成分存在。由于“相”和“互”在古汉语中是典型的表相互义的副词，在现代汉语中仍然部分保留着副词性用法，所以本章除了探讨典型的相互代词“彼此”、典型的相互副词“相互”和“互相”以外，也把“相”和“互”两个成分作为本章的考察内容。显性相互词汇结构是指含有显性相互词汇的结构。

第一节 相互代词

汉语中的相互代词“彼此”由原本分立的两个代词性成分“彼”和“此”构成。英语中的相互代词是“each other”，由表示每一方的“each”加上表示他者的“other”组合而成。在含“each other”的相互结构中，在主语包含的成员中，每个(each)成员施动于，或者涉及所有其他(other)成员，反过来又受动于所有其他成员(Jsperson，1924：469)。

在很多语言中，表相互义的代词与表自反义的代词同形，如法语中的“se”既可以表示相互义也可以表示自反义；如“ils se haïssent”既可以表示“他们互相仇恨”，也可以表示“他们都恨自己”。德语中的“sich”的用法与法语中“se”的用法类似，如“sie lieben sich”既可以表示“他们都爱着对方”，也可以表示“他们都爱着自己”。因为自反代词出现的频率比相互代词高，所以国外的很多语法著作都是在介绍自反代词时顺便提及相互代词。

欧洲许多语言都有类似英语中“each other”的结构，比如，俄语中的“drug druga”、法语中的“l'un l'autre”、意大利语中的“l'uno l'altro”、西班牙语中的“el uno el otro”、希腊语中的“o enas ton alon”、芬兰语中的“toinen toise”等。有部分学者认为这种结构的出现很可能和《圣经》翻译有关(Plank，2008)。除了欧洲，在南亚也能找到类似的语言现象，如，泰米尔语中的“oruttar... oruttar”(Annamalai，1999：175)。但是有些地区的语言中并没有这种结构，比如整个澳洲大陆的语言。但是这些类似的结构并不完全等同，其用法存在差别，比如，在俄语中两个成分间必须加入介词。

俄语 (Nedjalkov，2007：283)

Oni   nadej-ut-sja   drug na drug-a.

英语

They	rely on	each other.
第三人称复数一名词性成分	第三人称复数一自反/相互	宾格

他们互相依靠。

英语中介词放在相互性词结构前面，如，“talk with each other”，还有些语言中的相互代词是一个独立的整体，如，希腊语的“allēlous”、丹麦语的“hinanden”“haverandre”、荷兰语的“elkaar”“mekaar”、德语的“einander”。德语中的“einander”一般不与自反代词“sich”同现，除非“einander”被当成话题出现在句首，但在这种情况下，“sich”也不是强制要求出现的（Björn & Nedjalkov，2007）。法语中的“l'un l'autre”可以单独表示相互义，也可以与“se”同现，一起表示相互义。

一、相互代词的语义特征

汉语中最典型的相互代词“彼此”最初是两个分立的词，后来演变成一个独立的整体。汉语中的相互代词“彼此”和英语中的相互代词“each other”的用法既有相同的地方，也有不同的地方。更准确地说，英语中表相互义的功能主要由相互代词“each other”来承担，所以其可以出现在各种句法环境中，表现出多种语义特征，而汉语中相互义的表义功能主要是由副词承担的，所以汉语中“彼此”的使用范围与英语中的“each other”相比要窄。

“each other”既可以表达强相互义，表示两方或者多方间的相互关系，如：

Both children were always asking each other, “Shall I tell you?”

Bob and Tessa sat on the floor, their arms round each other.

Pupils could convey messages to each other by inventing their own sign language.

也可以表示多种弱相互义，如：

“The captain!”said the pirates, staring at each other in surprise.（辐射）

The students sat alongside each other.（相邻）

由于“彼此”的本义是指代双方的代词，部分“彼此”在现代汉语中仍然保留着“那”“这”的双方义，此时“彼此”通常和“分”同现，具有典型的代词性特征，如：

[1]我的就是你的，你的就是我的，既不分阶级，也不分彼此，还说啥转让不转让的。（杨友德《天空之所以美丽》）

[2]不论是陕北红军，还是长征过来的中央红军，都是党的队伍，不要分什么彼此。（贺晋年《永不陨落的星》）

[3]就像东南亚热带雨林中，建筑与植物已不分彼此。（余秋雨《关于友情》）

以上几例中的“彼此”都是指前面出现过的两方，有具体的指称对象。但是，“彼此”也可以表虚指。

[4]天地万物只是一个观念，一个符号，再简单一点，也就是所谓“道”，所谓“一”。一切都笼罩在里面，分什么彼此，分什么是非？（郭沫若《十批判书》）

以上的“彼此”没有具体的指称对象，为虚指，和“是非”对应。

“彼此”出现在主语取向的相互结构中表达强相互义，可以指双方，也可以指一个集合中的两个成员。

[5]两人点了点头，彼此都了解对方的意图，彼此都反映出失望的神色。（李英儒《野火春风斗古城》）

[6]这三个在一处一坐坐半天，彼此都不说话。既然不说话。为什么坐得挨得这样近呢？大概人总得有个伴，即使一句话也不说。（汪曾祺《晚年》）

[7]总有一些人，在不经意间遇见，之后彼此熟悉，最后难以忘怀。（网络）

“彼此”不仅可以表示强相互义，而且可以表示弱相互义，如相邻义。

[8]可以选择远离市区的荒滩或沼泽地，挖出几个大小不等且彼此相连的湖泊。（网络）

与英语中“each other”不同的是，汉语中的“彼此”不能表达弱相互义中的辐射义。

二、相互代词的句法表现

汉语中最典型的相互代词“彼此”最初的用法是两个分立的词，后来演变成一个独立的整体。从句法表现上看，汉语的相互代词和英语中的“each other”的用法既有相同的地方，也有不同的地方。英语中表相互义的“each other”位置比较固定，一般都充当定语和宾语，在从句中可以充当从句的主语，如：

[9] If we could look into each other's hearts and understand the unique challenges each of us faces...

如果我们能看透彼此的心并且了解各自需面对的特殊挑战……

[10]India, Hungary can be each other's bridge to Asia, Europe.

印度和匈牙利可以成为对方通向亚洲和欧洲的桥梁。

[11]China and the US can learn from each other.

中国和美国可以互相学习。

[12]Technology is changing the way we interact with each other.

技术正在改变我们彼此的交往方式。

[13]We know the kind of decisions that each other would make.

我们都知道对方会做什么决定。

汉语中的相互代词“彼此”和有代词性用法的相互副词“相互”“互相”，都可以做定语，如：

[14]用相互的心，让爱情永恒！（网络）

[15]风仍然隔着干涸的河床把桂花的甜香浓浓地送过来，周围静极了，静得可以听见互相的呼吸。（蒋濮《东京没有爱情》）

[16]我们都是彼此的过客。（网络）

但是只有“彼此”的句法分布和英语中的“each other”相类似。“相互”和“互相”不可以做宾语，也不可以做从句的主语。

[17]从此我们会像亲人那样关心对方，像朋友那样祝福彼此。（网络）

[18]花朵儿一串挨着一串，一朵接着一朵，彼此推着挤着，好不活泼热闹！（宗璞《紫藤萝瀑布》）

“彼此”作宾语的比例相当低（刘探宙，2003；王晓辉，2010），而且“彼此”作宾语的现象只存在于现代汉语中。这种用法的出现可能是受到了英语中“each other”的影响。宾语位置的“彼此”一般都可以用“对方”替换。“彼此”还有一种用法就是做同位语，如：

[19]篦墙不固，门窗不严，故我与邻人彼此均可互通声息。（梁实秋《雅舍》）

[20]夜幕时分，住在对街的老夫妇彼此搀扶着出来散步，隔壁橱窗里的手工蛋糕已销售一空，小孩儿们做完了作业在行道树旁嬉戏打闹。（金飒飒《真水无香》）

“互相”和“相互”是由副词“互”与“相”并列联合而成的，据唐贤清（2006：6—8）考证“互相”产生于东汉魏晋时期，其用法是作副词。在文献中，“相互”始见于唐代，到清代才流传开来，“相互”和“互相”可以替换，都作副词用。“相互”和“互相”作定语的用法是在现代汉语中产生的。刘探宙（2003：124）认为“互相”和“相互”在现代汉语中出现在定语位置上的用法是受到“彼此”代词用法的沾染，功能发生了扩展。我们认为这一说法不无道理。“彼”和“此”原来是两个分立的代词，分别表示“那”和“这”，表示相互义的并列复合代词“彼此”出现于六朝时期（刘探宙，2003；王晓辉，2010）。唐贤清（2006：13）认为与“互相”和“相互”受到“彼此”的语义沾染不同的是，“彼此”很早就出现了作宾语、状语、定语的用法。

[21]浮华则有虚伪之累，朋党则有彼此之患。（《全三国文·卷三十六·魏三十六》）

[22]又彼此降叛，日月有人，阔狭之间，辄得闻知。（《全三国文·卷六十六·吴四》）

[23]且闻二宫势敌，必有彼此，此古人之厚忌也。（《全三国文·卷六十八·吴六》）

但是[22]句中的“彼此”作主语还是作状语却很难判断，我们再来看几个“彼此”的例子：

[24]本期善果，不知将来反获其殃，如压甘蔗，彼此都失。（《百喻经》）

[25]棕榈花满院，苔藓入闲房。彼此名言绝，空中闻异香。（王昌龄《题僧房》）

[26]共外风来夹腻香，片云谁遣下巫阳？不须回首频相雇，彼此伤春易断肠。（武衍《春日舟中书所见》）

[27]廊庙与山林，彼此了无异。何以空去声。诸缘，惟心持半偈。月色上方高，恍悟第一义。（阎咏《和王阮亭少司马西城别墅十二咏录二・半偈阁》）

[28]包兴忽然从外面进来，大家彼此让座。（《七侠五义》）

[29]林黛玉素知丫头们的情性，他们彼此顽耍惯了，恐怕院内的丫头没听真是他的声音，只当是别的丫头们来了。（曹雪芹《红楼梦》）

[30]沈爷说：“怎么你起誓来咧？”智爷说：“我把话说明，咱们彼此都好办。”（《小五义》）

[31]两亲家见过面，彼此请过客，往来拜访过，心里还交换过鄙视。（钱锺书《围城》）

刘探宙（2003：125）认为“互相”“相互”和“彼此”在发展过程中的副词性程度排序情况为：互相＞相互＞彼此。“彼”和“此”原本是代词，从历时发展来看，“彼此”虽然既有代词的用法，也有副词的用法，但早期的用法还是偏向代词，表示“双方”的意思，如以上的前四例。随着历时的发展，“彼此”换成“互相”“相互”，整个句子的语义基本保持不变的现象大量存在，形成与“互相”和“相互”竞争的格局。

把动词前的“互相”“相互”看成副词，这一点应该没有什么争议。但是当“彼此”出现在动词前时，很多情况下可以和“互相”“相互”替换，而保持语义不变，所以很难判断分布在动词前的“彼此”是主语还是状语。刘探宙（2003：126）认为当“彼此”与“互相”“相互”“相”“互”等副词同现时，相互义主要由相互性副词来实现，“彼此”在句中充当主语，表现代词的功能。我们认为这条标准过于绝对，居于动词前的“彼此”应该同时具有代词的特征和副词的特征。“彼此”和“相互”“互相”不约而同地发展成同一语法格式的标记，都在汉语中表达相互义，这些标记长期共存，互相竞争，但由于词汇来源不一样，它们原来的词义和使用特点决定了它们的句法功能同中有异（石毓智，2011：210）。这也是语言历时发展中的一种常见现象。

“相互”“互相”“彼此”都能和“之间”搭配，“相互之间”“互相之间”“彼此之间”的语义基本相同，可以相互替换，但出现的频率不同。我们在北大语料库中找到“相互之间”589例，“彼此之间”556例，“互相之间”117例。由此可见，“相互”比“互相”的代词性特征更为显著。

不论是英语中的“each other”还是汉语中的“彼此”都不可以单独作主语。作为照应词，它们都出现在先行词的后面，不仅仅是英语和汉语，很多语言中都有类似情况。如：

英语

a. John and Mary pinched each other.

b. Each other pinched John and Mary.

汉语

a. 他们彼此相爱。

b. 彼此他们相爱。

在英语的双及物结构中，作为照应词的“each other”也只能出现在先行词的后面，也就是说相互代词只能出现在间接宾语的位置。如：

英语

a. I introduced my colleagues to each other.

b. I introduced each other to my colleagues.

“each other”和“彼此”作为照应词，不能前置于其所指称的成分，而且在被动句中以逻辑主语的形式出现的可接受度也比较低，如：

英语

John and Mary were kissed by each other.

汉语

张三和李四都被彼此给爱上了。

在北大语料库中，我们只检索到一例“彼此”进入被动句的例子：

[32]这样的距离下他们节制而有礼，他们是因为异性的差异才被彼此吸引的。（皮皮《比如女人》）

所以一般说来，在语义上更为突显的成分比不太突显的成分要先出现，“彼此”相对于其先行词来说，语义较虚，所以一般后置。但是当“彼此”与相互动词结合作定语时，“彼此”可以位于指称对象前，而英语中的“each other”在任何情况下都只能后置，这是因为英语中由主谓成分构成的定语只能后置于其所修饰的成分，如：

[33]幸福就是彼此相爱的两个人能相爱一辈子。（网络）

三、相互代词的词汇化动因

很多含有两个成分的相互代词，从历时层面来看，代词中的两个成分原来是分开使用的。在俄语和意大利语中，两个成分的结合到现在还不是十分紧密，中间需插入相应的介词才能用于表达相互义。英语中的“each other”和“one another”，两个成分也曾经是独立的，分布在不同的句法位置上。“each”原来分布在主语位置，后来逐渐向右漂移，与另一个成分发生整合，其发展路径主要经历了以下三个阶段：

each baron fought (the) other

baron(s) fought, each (the) other

(the) barons fought each other

在莎士比亚的作品中，这种“each”和“other”，“one”和“another”分立的用法还很常见，如“gaze each on other”“what we speak to one to another”。随着时间的推移，这些原来分开使用的成分逐渐凝固成词组“each other”和“one another”。英语中“one another”在有些情况下还可以分开用，如“One frog croaked, and then another, and then they couldn't hear each other speak”。分开使用的“one another”并不表达相互义。有些语言中，两个成分仍然保持相对独立，占据着不同的论元位置。日语中只用一个词“互い”来表示“彼此”，但在有些情况下，“互い”可以在句中重复出现在不同的句法位置上。

日语

今後 は　互い が　助け 合おう。

今后 话题　彼此　主格 帮助　相互 劝诱语气

今后让我们互相帮助吧。

互い　が　互い お　助け 合う,それ が　いい。

彼此 主格　彼此 宾格　帮助 相互　那　主格　好

互相帮助是好的。

汉语中典型的相互代词“彼此”中的两个成分,“彼”和“此”的最初表现形式也是两个意义相对、各自独立的代词。“彼”表示远指成分的“那”,“此”表示近指成分的“这”。这两个表示相对意义的并列项,最早以分立对举的形式出现,“彼”和“此”的这种用法在先秦时期较为常见,如:

[34]曰:“彼以清浊言,此以动静言。”(《周易》)

[35]曰:“彼一时,此一时也。”(《孟子·公孙丑下》)

[36]言舍欲利而取仁义也。老子曰:“故去彼取此。”(《老子》)

“彼”和“此”成词以后,这种对举的用法还一直沿用,如:

[37]荷此长耜,耕彼南亩,四海俱有。(刘勰《文心雕龙·祝盟》)

[38]疏此竹下渠,濑彼涧中石。暮馆绕寒声,秋空动澄碧。(朱熹《石濑》)

这种用法在现代汉语中还有少量留存,如:“此一时,彼一时”“此起彼伏”。

在另外两个表相互义的有代词用法的相互副词“相互”和“互相”中,“相”与“互”最早用于表相互义的时代不同,相互义产生的历时发展路径也不同,而且两个成分很少出现在同一个句法环境中。“互”更多地与“交”同现,表示交错义。在“互相”成词以前,我们没有找到太多“相”与“互”在同一个句子中共现的例子,所以说,“相”与“互”不论是在语义距离还是在句法距离上都要比“彼”和“此”远得多。董秀芳(2011:39)认为双音词衍生的基本条件是原有的两个成分必须在线性顺序上贴近。“彼此”的词汇化可以说符合这种规律,可是“互相”的词汇化应该说并不符合这个规律。

但是,我们可以肯定,不论是“彼”和“此”,还是“相”和“互”,都是并列短语。并列短语的特性是，并列项在语法范畴上必须一致，如名词性成分要和名词性成分并列，而不能和动词性成分并列。在语义上，并列项必须相近、相对或相反（董秀芳，2011：110）。Haspelmath（2001）认为语言演变的共性的一个方面是，表示同一意义的多种成分，使用频率高的成分发生语法化的可能性大。我们认为双音化是促使“彼”和“此”，“相”和“互”相结合的最大动因，而高频使用是使其凝固成词的外在推动力。

英语中的“each other”的相互性通过分配算子“each”来实现，汉语中的“彼此”由“彼”和“此”意义的对立来实现，而具有代词用法的相互副词“相互”“互相”由本来就可以由表示相互义的“相”和“互”来实现。这些词在语义特征上的差异也影响了其在历时演变路径上的不同。

第二节 相互副词

一、相互副词“相”

（一）“相”的语义特征

“相”的原初意义是“省视、察看”。《说文解字》：“相，省视也。”保留原来的“省视”义，“相”后来又发展出其他义项。

1. 相互义

实词“相”意义发生虚化后出现副词用法，最先产生的是相互义，“相”表相互义大约出现在周朝，在《周易》《诗经》中已广泛存在。在先秦时代，“相”的基本义是交互（王力，2004：329）。

如：

[39]邂逅相遇，适我愿兮。（《诗经·郑风·野有蔓草》）

[40]出入相友，守望相助。（《孟子·滕文公上》）

[41]相呴以湿，相濡以沫，不如相忘于江湖。（《庄子·大宗师》）

以上用例中的“相”表互相义，这个时期的“相”还有其他几种用法，即共同义、交替义、递相义。

2.共同义

如：

[42]鲁孟孙、叔孙、季孙相勠力劫昭公。(《韩非子·内储说下》)

此例中的“相”指的是集合中的各个成员共同发出某一动作。

3.交替义

如：

[43]有无相生，难易相成，长短相形，高下相倾。(《老子》)

“相”的交替义指的是“相”所修饰的动作虽有先后，但动作主体的施受关系的逆反性可以在交替循环中实现。

4.递相义

与相互义略有区别的一种义项是递相义，也就是说“相”后面的动作只有单向的先后关系。

如：

[44]岂非计久长，有子孙相继为王也哉？(《战国策·赵策四》)

[45]前后相随。(《老子》)

《战国策》中的例子“子孙相继”指的是一代一代的传承，动作是单向的，具有不可逆性。“前后相随”也一样，必然是后面的跟着前面的。

相互义、共同义、交替义和递相义在先秦时期都很常用，其用法一直延续到现代汉语中。

到魏晋南北朝时期，“相”从相互性用法发展出一种“偏指用法”(吕叔湘，1990)。在这种用法中，“相”不再表示两个事物互为施受的关系，转而表示一方对另一方的动作行为。这种所谓的偏指用法的“相”是一个不限人称的起照应作用的代词，即“照应词(anaphora)”。其先行语可以为第一人称、第二人称或第三人称(董秀芳，2011：228)。“偏指用法”的用例如下：

[46]时时为安慰，久久莫相忘。(《玉台新咏》)

[47]洛阳亲友如相问，一片冰心在玉壶。(王昌龄《芙蓉楼送辛渐》)

表相互义的“互相”产生于东汉魏晋时期(唐贤清,2006:6),这与“相”发生语义分化的时间相吻合。“相”的语义在魏晋南北朝时期出现分化也许是因为“互相”的产生。由于“互相”的产生,“相”的表相互义的功能被新产生的“互相”部分取代,作为相互义旧标记的“相”在与新标记“互相”竞争的同时,发展出了新的功能,即表示偏指义。沈家煊(1994:19)在讨论语法化时提到并存原则,他认为,一种新形式出现后,旧形式并不立即消失,新旧形式并存。“相”的发展与演变也同样存在这种新旧形式并存发展的现象。

经过了漫长的历史演变,后起的“相互”“互相”占据了“相”的句法位置,“相”的副词功能逐渐消退,偏指功能也逐渐衰退,并与其后的一部分动词凝固成词。从副词蜕变为构词语素,“相”的意义发生虚化,比如在“相等”“相似”中,语义重心落在“相”后的词语上。但是,“相”没有完全被“相互”“互相”所取代,也许是汉语朝双音化发展的结果,也就是说双音化促使“相”与其后高频出现的单音节动词凝结成词。

在现代汉语中,“相”的共同义消失,但基本保留了古汉语中的其他用法,可以表达偏指义,如“相助”“相瞒”“相信”;表达强相互义,如“相遇”“相邻”“相隔”“相连”;表达单向义,如“相继”“相传”。但在很多结构中“相”已经不是一个独立的成分,而是演变为表示相互义或者表示偏指义的词缀。在一部分短语中,如“相结合”“相联系”“相矛盾”仍然保留了“相”的副词用法,但这些短语的使用通常是不自由的,只能出现在“NP_1 和 NP_2 相 VP”这个结构中。

通过以上分析,我们可以看出“相”的用法很多,不但可以表示强相互义、单向义,还可以表示共同义和偏指义。

(二)“相”和其后“V”的搭配规则

在现代汉语中,大部分的“相”以词缀的形式存在,与其后动词组成双音节的“相 V”结构。与古汉语相比,现代汉语中“相”的句法功能也发生了很大的变化。古汉语中“相”的用法比较自由,后面可以接单音节的动词,如:

[48]昔者齐国,邻邑相望。(《庄子·胠箧》)

[49]臣以为布衣之交尚不相欺,况大国乎?(司马迁《史记·廉颇蔺相如列传》)

[50]秦王与群臣相视而嘻。(司马迁《史记·廉颇蔺相如列传》)

接双音节的表单向义的不及物动词,如:

[51]周文武所封子弟同姓甚众,然后属疏远,相攻击如仇雠,诸侯更相诛伐。(司马迁《史记·秦始皇本纪》)

[52]天地相盈亏,万物各成毁。(程善之《春日杂感》)

接双音节的动宾词组,如:

[53]虽至大夫之相乱家,诸侯之相攻国者亦然。(《墨子·兼爱上》)

在领属相互结构中,领有者通常省去,但在语境中可以找回。从语义上来看,相互动词应该与作为领有者的施事发生关联,但在有些情况下,占据主语位置的却是受事。

[54]二军相当,两旗相望,唯毋一战,战必不两存。(《韩非子·内储说下六微》)

[55]阡陌交通,鸡犬相闻。其中往来种作,男女衣著,悉如外人。(陶渊明《桃花源记》)

从形式上看,古汉语中的领属相互结构和简单相互结构没有什么区别,如"二军相当"和"两旗相望"在句法结构上是一样的,但是从语义上看,两个句子存在显著差别。"二军相当"属于简单相互结构,而"两旗相望"属于领属相互结构,其主语是受事而非施事。"两旗相望"的意思是两个军队都能看到对方的军旗。从某种意义上来说,这种结构可以看成"去被动化"结构。

在古代汉语中,某些情况下,"相"可以与介词连用,但"相"和同一介词连用,也会表示不同的意义,如:

[56]诸大臣相与阴谋曰:"少帝及梁、淮阳、常山王,皆非真孝惠子也。"(司马迁《史记·吕太后本记》)

"相"和"与"连用,在以上句子中表示共同义。表共同义的例子还有:

[57]齐桓公、管仲、鲍叔、宁戚相与饮酒,酣。(《吕氏春秋·直谏》)

[58]夫婴儿相与戏也,以尘为饭,以涂为羹。(《韩非子·外储说左上》)

[59]尝相与无为乎！澹而静乎！漠而清乎！调而闲乎！(《庄子·大宗师》)

“相”和“与”连用还可以表示相互义。“相与”表示相互义的例子，如：

[60]郑人有相与争年者，一人曰：“吾与尧同年。”(《韩非子·外储说左上》)

[61]三人相视而笑，莫逆于心，遂相与为友。(《庄子·大宗师》)

[62]西郭楼台近水滨，青山白云相与邻。试问阁中谁隐者，昔日先朝一汉臣。(郑经《题东壁楼景自叙》)

“相”还可以和“为”连用，表示共同义，如：

[63]道不同，不相为谋。(《论语·卫灵公》)

表示相互义，如：

[64]天生万物欲令相为用，不得不相贼害也。(《庄子·论衡》)

“相为”结构中的“相”表偏指义，如：

[65]吾从板外相为应答。(归有光《项脊轩志》)

“相为”结构还可以单独使用，表示相互义，但这里的“为”是动词，而不是介词，如：

[66]释公行，行私术，比周以相为也。(《韩非子·有度》)

以上例句中的“相为”表示互相利用。

现代汉语中，“相”的很多用法都发生了变化。“相”一般与单音节词凝固为一个词，以表示相互义的前缀形式存在。“相 V”一般为不及物动词，通常出现在简单相互结构和非连续相互结构中，如：

[67]后来我们在楼梯上相遇的时候，她微笑着慢慢用法语感谢我送给她的桃子。(张楷模《梦幻巴黎》)

[68]叶萍仍低着头，避免和铃木太太的目光相遇。(蒋濮《东京没有爱情》)

少部分的“相”仍然保留副词用法，和双音节相互动词连用，出现在“相结合”“相联系”“相矛盾”中，但这些短语的使用通常是不自由的，只能出现在“NP_1 和 NP_2 相 VP”这个结构中。而且通常以简单相互结构的形式出现，如：

[69]首尾相呼应。

[70]理论和实践相结合。

[71]短日月份和低温月份相联系，长日月份和高温月份相联系。（网络）

“相结合”“相联系”可以出现在宾语取向的简单相互结构中，整个结构前面可以加“把”，如“把理论和实践相结合”；也可以出现在宾语取向的非连续相互结构中，如：

[72]小学数学如何与生活实际相联系。（网络）

“相抗衡”一般出现在主语取向的非连续相互结构中，如：

[73]三星为什么能够与苹果相抗衡。（网络）

“相”还可以出现在“相 V_1 相 V_2”结构中，如“相亲相爱”“相反相成”古代就有，而“相辅相成”“相伴相随”是在现代汉语中才出现的，不过这种结构的能产性很低。

（三）“相 V”结构的历时发展

不论是在古代汉语还是现代汉语中，“相”都有表示单向义、相互义、偏指义的用法。经过了漫长的历时演变，从古代汉语到现代汉语，部分“相 V”结构的用法保持不变，部分却发生了变化。

有些“相 V”结构原来表达相互义，现在仍然表达相互义，如：

[74]邂逅相遇，适我愿兮。（《诗经·郑风·野有蔓草》）

[75]那年，你我相遇在枫叶林中，两个花季少年在枫叶林中最老的一棵枫树下相识、相知。（网络）

有些原本有相互义和偏指义，后来只保留偏指义，如：

[76]出入相友，守望相助。（《孟子·滕文公上》）

[77]今日却限撞着你，也是路见不平，拔刀相助，救你出去，却无他事。（冯梦龙《警世通言》）

[78]这个人本来就最喜欢交朋友，据说不管是谁只要深夜叩门他一定

要留宿，客人有什么困难他总是倾囊相助。（余秋雨《山居笔记》）

“守望相助”中的“相”表达的是相互义，现代汉语“相助”中的“相”是偏指代词，可以表示第一人称、第二人称、第三人称，不再表示相互义，相互义由“互助”“互相帮助”等结构来实现。

有些原本有相互义和偏指义，后来两种意义都保留，如：

[79]张玄与王建武先不相识，后遇于范豫章许，范令二人共语。（刘义庆《世说新语》）

[80]王子猷出都，尚在渚下。旧闻桓子野善吹笛，而不相识。（刘义庆《世说新语》）

[81]记得我与他相识，是一九二五年，那时我在充满了艺术空气的立达学园里教书。（赵景深《丰子恺》）

[82]顺流下去，到了一处不相识的地方。我又梦见城里的茶店酒馆。（郁达夫《我的青春，我的梦》）

有些原来既可以表示相互义，又可以表示偏指义，现在只在某些保留的固定搭配中表示偏指义，如：

[83]相看两不厌，唯有敬亭山。（李白《独坐敬亭山》）

[84]此人若非苦志用功，断无如此笔力，此等读书人，若不另眼相看，何以鼓励人才。（李汝珍《镜花缘》）

[85]以前从不正眼瞧我的小人也开始对我另眼相看，甚至还想方设法巴结我，可是我并不领情。（卞庆奎《中国北漂艺人生存实录》）

“相看”在现代汉语中不能单用，只能出现在固定的搭配中，固定搭配中“看”的意义是对待。

有些“相 V”结构在古汉语中表相互义，现代汉语中基本只保留在成语中，如“相得”在古汉语中是一个常用词，主要有三种意思。

1. 相配、相称

[86]天数五，地数五，五位相得，而各有合。（《易・系辞上》）

[87]地邑民居，必参相得也。（《礼记・王制》）

2. 彼此投合

[88]相得驩甚，无厌，恨相知晚也。（司马迁《史记·魏其武安侯列传》）

[89]卿父子有大功于国，故相继付以大政，四十余年，君臣相得。（冯梦龙《东周列国志》）

[90]徐公接见了，见他会说会笑，颇觉相得。（凌濛初《初刻拍案惊奇》）

3.会合

[91]清漳又东南，与轑水相得。（郦道元《水经注》）

在北大语料库中，“相得”已基本不单用，而保留在成语“相得益彰”中。“相得”在现代汉语中单用的例子非常罕见，而且只保留了第二个义项，如：

[92]他是我这次在船上最相得的朋友。（邹韬奋《萍踪寄语》）

除了“相得益彰”，“相”还保留在很多其他成语中，如：面面相觑、相濡以沫、相提并论、相形见绌、相依为命、自相矛盾、大相径庭、鹬蚌相争、针锋相对、相安无事、遥相呼应，其中的“相 V”拆分开来，大多都是不成立的。

还有些古代常用的“相 V”结构，现在已基本不用，如“打架”在古汉语中有一个同义词“相打”。“相打”在六朝时已出现（方一新，2010：792），一般用在口语中。

[93]看史只如看人相打，相打有甚好看处？（朱熹《朱子语类》）

[94]你二人叫甚名字，为何结扭相打？（冯梦龙《醒世恒言》）

[95]你且过来，我不与你相打，但我叫你一声，你敢应么？（吴承恩《西游记》）

“相打”在现代汉语中已经极为少见。其用法仍然在部分文学作品中保留，可能是受到方言的影响。

[96]他们跟我们相打，我们费了不少力气才压住了。（巴金《长生塔》）

现代汉语中部分“相 V”结构中的“相”保留了古汉语中相互义和偏指义两种意义，要在具体的语境中才能判断“相”表达的是相互义还是偏指义，这类词包括“相视”“相思”“相迎”等。

相视

[97]再端来一碟巧克力夹心饼，一杯清香的热茶。彼此相视一笑，那瞬间的美丽便是永恒了。（赵泽华《欣赏生命》）

[98]断裂的树桩似有恶意，在不远处冷眼相视。不管它，我走进树林。(网络)

“相视”则只能表达相互义。

相思

[99]相思只有甜味，单思完全是苦的。(老舍《二马》)

[100]虽然如此，诗人并不弃此他顾，而是以更执着的相思来回报。(网络)

“相思”中的“相”一般表示相互义，表示相互义时，它在一般情况下指男女间的想念，所以表示单向义的时候需用“单相思”。“相思”表单向义时，可以指男女间一方对另一方的想念，也可以泛指各种想念。

相迎

[101]它像一个优秀的“采购员”，凡是自己需要的就拱手相迎，自己不需要的就拒不接收。(网络)

“相迎”中的“相”表达的是偏指义，表示偏指义的情况比较常见。我们在北大语料库里仅找到了两例“相迎”中的“相”表示相互义的例子：

[102]两人目光相迎之际，她满脸羞红，模样显得愈发地可爱了。

[103]譬如黑夜里两条船相迎擦过，一个在这条船上，瞥见对面船舱的灯光里正是自己梦寐不忘的脸，没来得及叫唤，彼此早距离远了。

我们认为“相迎”在表示单向义和相互义时，两个“迎”的意义是不同的。表示单向义时，“迎”的意思是“迎接”；而表示相互义时，“迎”的意思与“遇到”相近。

二、相互副词“互”

(一)“互”的语义特征

据《说文解字》记载，“互”的本义是指一种绕绳用的工具。后来其本义消失，“互”发展出动词用法和副词用法。表示相互义的“互”出现的时间比“相”晚，其最早用例见于西汉。作动词用，表示相互义，如：

[104]百官盘互，亲疏相错。(班固《汉书·谷永传》)

[105]盘互长干有绝陉，并包佳丽入江亭。(王安石《雨花台》)

[106]纷若喜而佁儗兮，心回互以壅塞。(柳宗元《梦归赋》)

[107]北风吹万里，南雁不知数；归意方浩然，云沙更回互。(高适《自淇涉黄河途中作十三首》)

表示交替义，如：

[108]春夏相与交，秋冬相与互。(《书·尧典》)

“互”作副词用，表示相互义，如：

[109]以参互考日成。(《周礼·司会》)

[110]所见不同，互有得失。(何晏《〈论语集解〉序》)

[111]指摘两憎嫌，睢盱互猜讶。(韩愈《县斋有怀》)

[112]渔歌互答，此乐何极！(范仲淹《岳阳楼记》)

[113]行行将遂穷，岭陆烦互走。(韩愈《南山诗》)

[114]巫山赫其无畴兮，道互折而曾累。(宋玉《高唐赋》)

[115]丰茸旖旎，互交递倚。(皮日休《桃花赋》)

当“互”表示空间相互的交错义时，有时候会出现弱相互义的解读，如[123][124]和[125]。

根据我们对语料的考察，“互”表示相互义的动词用法和副词用法长期共存，直到现代汉语中，“互”的动词用法才慢慢退却，只保留了副词用法。在漫长的历时演变中，“互”与其后的一部分动词凝固成词。在现代汉语中，“互”在很多情况下作为构词语素而存在。现代汉语中的“互”一般用于表示强相互义，“互”在古汉语中作副词时的交错义，在现代汉语中未作保留。

(二)“互”和其后“V”的搭配规则

在古代汉语中，“互”既可以作为动词，也可以作为副词，而且这两种用法都很常见。本节讨论的主要是“互”的副词用法。后接单音节动词，是“互”比较常见的用法，如：

[116]其后兵革相寻，异端互起，章句既沦，俎豆斯辍。(《全梁文》)

[117]加其细政苛惨，科防互设，缯缴充蹊，坑穽塞路，举手挂网罗，动足蹈机陷。（陈寿《三国志》）

[118]今五礼混挠，杂饰纷错，枝分叶散，重出互见，更相贯涉。（葛洪《抱朴子·省烦》）

接双音节的表单向义的不及物动词，如：

[119]荒路暧交通，鸡犬互鸣吠。俎豆犹古法，衣裳无新制。（陶渊明《桃花源诗》）

[120]田窦相倾夺，宾客互盈亏。（李白《古风》）

接"1+2"的动宾词组，如：

[121]是以勋、华旷而莫陈，姬、孔抑而不说，前达往贤，互生异见。（姚思廉《梁书》）

[122]转相骄矜，互争铢两，所论必门户，所议莫贤能。（《全梁文》）

[123]帝曰："自古帝王，功德言行，互有高下，未必创业者皆优，绍继者咸劣也。"（陈寿《三国志·卷四·魏书四》）

和"相"一样，"互"也可以进入宾语取向相互结构，但这种用例非常少，如：

[124]刑、到互训，刑与到义近。（张自烈《正字通》）

而且"互"也可以和介词"为"连用，如：

[125]其间双声叠韵，循环反覆，互为首尾，参差勿失，而义理昭然。（慧琳《一切经音义》）

[126]遂乃合党连群，构扇同异，附下蔽上，专弄威权，荐子树亲，互为表里。（沈约《宋书·刘湛范晔列传》）

"互"还可以修饰整个短语，如：

[127]曰："此便是互相为用处。'大哉圣人之道！洋洋乎发育万物，峻极于天！'……"（《朱子语类》）

与"相"相比，"互"作为副词表相互义的用法要狭窄得多。

和"相A相B"一样，"互"也有"互A互B"结构，但使用非常有限，在北大语料库中，"互惠互利"出现的频率最高，其他还有"互惠互助""互谅互让"

“互问互答”“互敬互爱”“互信互利”“互联互通”。

[128]哪里知道维也纳人与这片森林生命攸关，互惠互助，相依相存，因而才给了那位“圆舞曲之王”以创作的灵感。

[129]但这些协议是好的，是各方面互让互谅的结果。

[130]在通红的篝火旁，常常有一群身穿盛装的青年男女，唱着情歌，互问互答，通宵达旦。

[131]与焦仲卿结婚后，夫妻俩互敬互爱，感情深挚。

[132]建立军事安全对话机制，营造互信互利的军事安全环境。

[133]充分开发利用各类信息资源，注重提高系统互联互通和信息共享能力。

“互惠互利”出现的频率最高，多达580例；“互惠互助”出现了6例；其他的应该属于临时性用法，只有一到两例。“互A互B”这种结构在古汉语语料库中没有找到。“互A互B”中“互A”和“互B”的结合不是十分紧密，“互A”或者“互B”通常可以与其他短语结合构成新的短语。

“互V”的使用所受的限制比“相V”要严格得多，“互V”结构一般要在四字结构中才能出现，如：

[134]加快推进社会主义新农村建设，促进区域良性互动、协调发展。（网络）

[135]几十年来，中美两军由冲突对抗到两军高层频繁互访，为军事热线的开通越来越铺平了道路。（网络）

[136]自觉与员工构成利益共同体，努力建设互利合作，和谐双赢的劳动关系。（网络）

[137]亚洲体育的繁荣进步，离不开日益开放包容的心态，离不开互通有无的交流碰撞。（网络）

[138]两会每年都组团互访。（网络）

或者两个或者多个“互V”结构连用，如：

[139]他们认为互相了解，再加上互爱、互敬和互信，夫妇自能长久相处。（网络）

[140]就是中美军事交流只有遵循这一种尊重、互信、平等、互利的原则，才能走向一个健康发展的轨道。（网络）

或者“互 V”后接宾语，如：

[141]海峡两岸旅游交流协会和台湾海峡两岸观光协会互设旅游办事处的工作，还在加紧筹备中。（网络）

在“互 V”结构中，“互动”的用法相对来说比较自由：

[142]演出团队想方设法来缩短与观众的距离，利用跟观众互动的方式，来达到完美的演出效果。

[143]所以多少要跟他们互动。

“互 V”结构可以出现在间接相互结构中，如：

[144]但最后这两个女人的战争以和解收场，双方互送巧克力。（网络）

[145]两国元首互赠了礼物。（网络）

[146]中泰互免签证。（网络）

三、“相”“互”带同一“V”比较

有些动词既可以和“相”搭配，也可以和“互”搭配，如“相助”“互助”“相赠”“互赠”“相帮”“互帮”，这些词语中，和“相”搭配的为单向义，和“互”搭配的为相互义。两者形成互补，如：

[147]人家秦先生呢，根本与农场无关，纯粹是路见不平，拔刀相助。（老舍《不成问题的问题》）

[148]中国实行民族区域自治，对于加强各民族平等、团结、互助的关系。（《中国的民族区域自治》）

表示单向义的“相助”可以单用，但一般出现在四字结构中，如“拔刀相助”“挺身相助”“解囊相助”“暗中相助”“倾囊相助”“鼎力相助”等。表示相互义的“互助”可以单用，但一般和其他双音节词语连用，出现在四字结构中，如“互爱互助”“互惠互助”。

“相帮”和“相助”的意义基本相同，只是“相帮”的可接受度比较低，我们在北大语料库中找到的用例较少。“互帮”从字面上看和“互助”也没有什么区别，只是用法上有些不同。“互帮”不能单用，只能在四字结构中出现，如“互帮互学”“互帮互助”“互帮互促”“互帮互爱”“互勉互帮”。但这些四字结构也不用常用，可能是临时组建的。

[149]只因我过不去那道河，求你相帮，帮我渡到河那边儿。（龙凤伟《石门呓语》）

[150]大家在训练中互帮互学，增进了团结和友谊，增强了战胜艰难险阻的信心和勇气。（网络）

表示单向义的“相赠”可以出现在连动结构中，如：

[151]到他在北京的家中做客，临别时挥笔为冯世良题写“一代名医”横幅相赠。（网络）

[152]傅璇琮先生拿出他的新作《唐诗论学丛稿》一书相赠。（网络）

还可以出现在“以 N_P 相赠”这种结构中，如：

[153]有真理良心的张锲冒着风险，遍访画家，感动得大师们以珍品相赠。（网络）

[154]国家领导人出访或外国友人来访，常以他的作品为国礼相赠 。（网络）

表示相互义的“互赠”一般出现在间接相互结构中，也就是说“互赠”后面需带宾语，如：

[155]英国人和美国人习惯把色彩艳丽、芳香浓郁的玫瑰看作“友谊之花”和“爱情之花”，往往把玫瑰花作为高尚馈赠的礼物，情人们更以互赠玫瑰表达爱情。（网络）

还有一部分动词，不论是和“相”搭配还是和“互”搭配都表示相互义，但用法有所不同，如“相通”“互通”“相争”“互争”“相爱”“互爱”。“相通”可以表达物理空间没有障碍，互相通达，如：

[156]其中洞中有洞、洞连洞、洞洞相通，迂回曲折，扑朔迷离。（网络）

[157]北面通过白令海峡与北冰洋相通，西南与印度洋相通，东南与大西洋相通。（网络）

同时可以用于表达心理空间的通达，如：

[158]只要两情相悦、心灵相通就够了，容貌的美丑并不能成为感情的障碍。（网络）

"互通"中的"通"指的是信息的交流，"互通"一般作及物动词用，如：

[159]每隔数百米建有一座两层高的城堡，用作互通情报和传递命令。（会飞的虫子《嚣张不是错》）

"互通"在日常口语中可以以光杆形式出现：

A：我们有消息互通哈！

B：好的，互通。

"相通"可以出现在简单相互结构和非连续相互结构中，后面不带宾语。"互通"一般用在间接相互结构中，后面可以带宾语，也可以和前面的名词性短语构成主谓短语，如"短信互通""资讯互通""业务互通"。

"相争"一般出现在简单相互结构中，古汉语中的一些结构在现代汉语中也一直沿用，如"鹬蚌相争，渔翁得利"；而"互争"后面需带宾语，宾语双音节词居多，也有三音节的。

[160]法国队虽占据赛场地利和连胜的心理优势，但两大强队相争，不定因素很多。（网络）

[161]如果重此轻彼，或互争高下，都是不必要的，也是不妥的。（网络）

[162]人行道上，无照摊贩乱摆乱卖，互争地盘；售货摊亭抢占道路经营的比比皆是。（网络）

和"互争"搭配的还有"互争短长""互争雄长""互争优胜""互争著作权"。

"相爱"可以出现在简单相互结构和非连续相互结构中，如：

[163]和汉族一样，景颇族男女相爱，也有情书来往，但他们写的书信不是文字的。（《景颇族的"无字情书"》）

[164]至于芦花鸡，已经与母鸡相爱，终日为伴了。（网络）

"互爱"须和多个短语连用或者出现在四字结构中，如：

[165]他千方百计地营造一个平等、互爱、理解、尊重、完美、祥和的家庭般的气氛与环境。（网络）

[166]它可以通过志愿者自身的奉献精神与爱心，唤起人们的互助互爱的良知与道德感，净化社会风气。（网络）

另外，“互爱”能出现的结构还有“互敬互爱”“团结互爱”。

四、相互副词“互相”“相互”

（一）“互相”“相互”的句法特征

“互相”由同样表示相互义的副词“互”和“相”联合而成，最早出现于东汉魏晋时期，其用法比较简单，一般居于双音节动词前作状语，动词既可以表示单向义也可以表示相互义，如：

[167]每风起，珠玉之树，枝条花叶，互相扣击，自成五音。（葛洪《抱朴子内篇・祛惑》）

[168]瑜请入，亦叙谈此事。有要战者，有要降者，互相争论。（罗贯中《三国演义》）

[169]次日，二人至瓒营宣谕，瓒乃遣使致书于绍，互相讲和。（罗贯中《三国演义》）

“互相”后还可以接单音节动词，如：

[170]淳举南轩谓：“知与行互相发。”曰：“知与行须是齐头做，方能互相发。”（《朱子语类》）

还可以接主谓短语，如：

[171]其告示文字之类，亦要挨次抄传，互相字字说明，以上二项，传谕口令，抄誊文字，仍要一字一言。（戚继光《练兵实记》）

接动宾短语，如：

[172]众人闻说，竞相班斗，各奋持兵，互相杀伤无数。（谢诏《东汉秘史》）

接动补短语，如：

[173]与陈忠并不打话，互相交战三十余合，不分胜败。（杨尔增《东西晋演义》）

“相互”作为“互相”的同义词，出现的时间要比“互相”晚，据唐贤清(2006:9)考证，“相互”在后汉已见于译经文献，在中土文献中，到唐代才见用例。“相互”早期可以单用，单用时“互”是动词。“相互”也可以作副词修饰动词。

[174]凡言互者，据两物相互。今一物之上自相互，直是理不足明，故言互相足。(贾公彦《周礼注疏·卷五》)

[175]云“《载师职》云‘以物地事、授地职’，互言矣”者，彼云物地事不云贡，此云令贡赋不云物地事，地事、贡赋当相互皆有也。(贾公彦《周礼注疏·卷十五》)

后来，“相互”只保留了副词用法，到了清代“相互”作为副词已经广泛使用。“互相”和“相互”为同义词，在很多情况下可以替换使用。“互相”和“相互”是汉语中表示相互义的最为常见的手段，既可以用于表达强相互义，又可以用于表达弱相互义。在讨论“彼此”的用法的时候，我们已经讨论过“互相”和“相互”的代词性用法，这里再补充一点：“相互”有区别词的特征，可以和名词短语连用，如“相互关系”“相互位置”等，“互相”不可以，如：

[176]澄碧的天穹上总有几只褐鹰像风筝一样缓缓盘桓，移动的鹞影使你觉到了蓝天、白云、雪顶之间的相互位置。(马原《冈底斯的诱惑》)

(二)“互相”“相互”的语义特征

《现代汉语八百词》对“互相”和“相互”的解释：副词，表示甲对乙和乙对甲进行相同的动作或者具有相同的关系。“相互”同“互相”。和英语中的“each other”一样，汉语中的“互相”和“相互”不仅可以用于编码强相互义，同时也可以用于编码弱相互义。表达强相互义是“相互”和“互相”的主要功能，如：

[177]两个人这时候就干不成活了，依偎在一起，静静地坐在热炕头上，好像互相倾听对方的心跳声。(路遥《平凡的世界》)

[178]一对情侣，趁着蒙蒙细雨，撑着一把小伞，互相搂抱着沿着小溪漫步，喁喁细语。(叶蘋《华冈之雨》)

[179]多么灿亮的绿色花朵！谁看到过这般明亮的颜色？是翠禽在水边的照影吧，波光和翎羽互相辉映。（张秀亚《艺术的沉樱》）

“相互”和“互相”可以用于表达弱相互义中的相邻义、辐射义。

表相邻义，如：

[180]庄稼再不象往年一样大片大片都是同一种类。现在，各种作物一块块互相连接而又各自独成一家。（路遥《平凡的世界》）

表辐射义，如：

[181]如果一个国家里的人群全像狼群一样，这个国家的人群就会在互相厮杀中同归于尽、彻底毁灭。（姜戎《狼图腾》）

“相互”和“互相”还可以用于编码非相互义，如：

[182]爱，原来是可以相互传染的，爸爸妈妈把爱传给了司机，温暖了他的心，司机被传染了，他又把爱传给了我。（网络）

[183]陈墨何许人也？似乎鲜为人知。人们交头接耳，相互打听。（孔繁强《拍画记》）

（三）“互相”和“相互”的语体制约

北大语料库现代汉语出现“相互”21402 例，“互相”13009 例；北大语料库古代汉语出现“相互”167 例，“互相”，3769 例。“相互”和“互相”的使用状况随着时代的发展，出现了很大的变化，这在某些语体中表现得特别突出。中华数字书苑中含“相互”926187 例，“互相”490372 例，也就是说在新闻语体中，使用“相互”的频率要比“互相”高一倍。而瀚堂近代报刊数据库中含“相互”459 例，“互相”2458 例。所以说同是新闻语体，不同时期，“互相”和“相互”的分布还是出现了很大的不同。

与新闻语体不同的是，文学文体中“相互”和“互相”的分布情况受时代的影响不是很大。唐贤清（2006）统计了“互相”和“相互”在清代、现代和当代文本中的分布情况，结果显示不论是哪个时期，“互相”在文学文体中出现的频率都大大地高于“相互”；而在政论文体中，“相互”出现的频率高于“互相”。但在文学文体中，“相互”和“互相”的出现频率也受到作者写作风格的影响，如沈从文的作品中、金庸的作品中，“相互”的使用频率比“互相”的使用频率高。根据我们对大量语料的考察，所得的结果和唐贤清的研究结果基本一致。

而且经过对大量语料的考察，我们还发现在学术著作中，“相互”和“互相”的选择使用情况没有特定的规律。以下是我们从张斌、胡裕树的《汉语语法研究》中找到含“相互”和“互相”的几个句子。

a. 个别的东西和一般的东西总是互相渗透，不断转化的。

b. 老中青互相尊重，团结共事。

c. 语法结构所包括的各个方面的事实互相联系而又互相区别。

d. 顿号跟“和”（“并”“而”）是不是在任何情况下都可以互相代替呢？

e. 它们能否结合，能否相互补充，要对这些问题做出回答，还为时过早。

f. 中外学者共聚一堂，相互切磋，是十分有利于学术发展的。

什么时候用“相互”，什么时候用“互相”好像是随机的，没有什么规律可循。

“相互”和“互相”由于语义区别不大，很多情况下可以替换使用。在不同文体中出现不同的分布情况，只是一种使用倾向的表现。在很多情况下，选择“相互”还是“互相”没有具体依据。我们甚至找到了在同一个句子中既有“相互”，又有“互相”的例子：

[184]大伙木事并不大，不过能相互团结，齐心协力，互相支持。（崔正来《阿房宫新赋》）

用“相互”还是“互相”和所搭配的词有一定关系，如“相互合作”好像已经凝结成一个固定结构，不论是在正式语体还是非正式语体中，都很少出现“互相合作”这种表达。总的来说，“相互”在正式语体中出现的频率较高，“互相”在非正式语体中出现的频率较高，其他语言中不同相互标记的分布也有类似的情况。如在德语中有两类高能产性的相互性标记，反身附着成分（reflexive clitic）“sich”和代词“einander”，其中“sich”往往在非正式语体中使用，而“einander”往往在正式语体中使用（Björn & Nedjalkov，2007：457）。

五、相互副词与否定词的共现

(一)“相”“互”的否定形式

“相”的否定形式比较简单,“相”只能和否定词“不”搭配。现代汉语中,大部分的“相”都以构词语素的形式出现,即使在“相结合”“相矛盾”这种结构中,“相”与后面词语的结合也相当紧密,其否定形式就是否定成分前置,修饰后面的词语。

[185]养蚕期间,连邻居也不相往来,只在室外交谈。(网络)

[186]草皮条件与举行欧锦赛这样的国际大赛不相符。(网络)

[187]我小说里写的蒌蒿和蒿其实不相干。(汪曾祺《故乡的食物》)

像“不相符”“不相干”这类结构一般出现在“NP_1 与 NP_2 不相 V”这类结构中,“相结合”“相矛盾”和“不”的搭配受到一定的限制,在特殊的句式中才能使用。

a. 理论与实践不相结合。

b. 不解放思想,不实事求是,不从实际出发,理论与实践不相结合,不可能有现在的一套方针、政策。(网络)

a. 长远目标和短期目标不相矛盾。

b. 它对于我们要同所有国家发展友好关系这一总的战略方针不仅不相矛盾,而且是相辅相成、有力地保证和促进其发展的。(网络)

c. 保守原单位技术秘密和鼓励科技人员合理流动是不相矛盾的。(网络)

“互”也只能和否定词“不”搭配,但否定成分“不”可以出现在“互”的前面,也可以出现在“互”的后面,形成“互不 VP”和“不互 VP”结构。语料调查的结果发现,“互不”结构可以后接双音节的光杆动词。

[188]两个厂因为是商场上的竞争对手,生产经营上互不往来。(网络)

后接由双音节的及物动词构成的词组。

[189]中俄互不证明彼此对错。(网络)

[190]双方确认,两国互为合作伙伴,互不构成威胁。(网络)

我们认为以下例句中的“互不 VP”是一个宾语居前的结构，其实是动词词组。

[191]两岸“主权”互不承认但治权互不否认。（网络）

但是“互不”结构不能和单音节的光杆动词和单音节的及物动词词组连用。“互不 VP”的组合规则是“互不||VP”，在这个结构中“互”不能越过“不”和后面的“VP”直接组配，如“互证明彼此对错”“互相让”“互构成威胁”“互承认”“互否认”都是不可接受的。“互不”已经重新组合为一个固定的结构。

与“互不”结构不同，“不互”结构后面可以接单音节的光杆动词。

[192]我从来不互粉，你有实力我自然粉。（网络）

[193]苏沪锡公交卡暂不互刷。（网络）

[194]水和油的不互溶是日常生活中习以为常的现象。（网络）

接由单音节及物动词构成的词组。

[195]两岸两会再不互设办事机构。（网络）

[196]麦当娜“冷”过圣诞 蔬菜当大餐夫妻不互送礼物。（网络）

[197]为什么女人会喜欢互称美女，而男人几乎不互称帅哥？（网络）

“互不”结构一般不和由双音节及物动词构成的词组连用，也不能和双音节的光杆动词连用。“不互 VP”的组合规则是“不||互 VP”。“不互 VP”结构不是很常用，在北大语料库中我们只找到了 7 例。

a. 双方的意见并不互不相容，都是可行的。

b. 有时两个同形异义的词，甲词跟丙词可通用，而乙词跟丙词不互通。

c. 粉末冶金适用于高熔点、高硬度的金属或含有不互溶成分的合金制品的制造。

d. 沏茶不谦让，吸烟不互敬。

e. 菲律宾和纳米比亚将不互派常驻大使。

f. 大家不得不互出奇谋，拉拢现有的客户，争取新客户。

g. 据他介绍这家酒馆的主顾从不互通姓名和职业，只要付三千日元，便可随意痛饮，数量不拘。

a 应该是“不”修饰“互不相容”；f 是“不得不”修饰“互出奇谋”，都不是典型的“不互 VP”结构。

我们检索了收录500万笔报刊资料的近代报刊数据库，只找到了两例含“不互 VP”的例子，并且都是新闻标题。

a. 不互負扶養義務（新闻标题《益世报(1924)》）

b. 陳競存與臧致平約不互侵（新闻标题《益世报(1936)》）

成词的“互 VP”结构和“不”搭配可接受度也比较低。

a. 他们不互助。

b. 这两者是不互补的。

“互”“相”结合不仅可以组成“互相”“相互”，还可以组建“互不相 V”结构。有些组配中的“互”可以省略，如“水火互不相融”可以略去“互”变成“水火不相融”，语义保持不变，但有些已经形成固定搭配，如“互不相让”“互不相干”“互不相容”。

[198]重庆南路昨日大堵车，车主互不相让挤成一团。(网络)

[199]这就好像我们人类拿互不相干的鲤鱼跟云雀相比，看看哪一个在水里待得久。(子敏《今天与明天》)

[200]有人将儒家说成只要义不要利，而商人只要利不要义，互不相容。(网络)

(二)“互相”和“相互”的否定形式

“互相”和“相互”一般用“不”来否定，“不”可以居前，也可以居后。

[201]现在大家都有异样的感觉，互相不满意，见了对方来了，甚至低下头去，有意不理睬。(网络)

[202]既然都在黑道上闯荡，互相不帮着点行吗?(张平《十面埋伏》)

[203]一开始大家没什么，相互谦让，时间一长大家整天在一起，就相互不耐烦。(刘震云《单位》)

[204]那是另一种情调。蓑衣和雨巷，不互相吸引而互相排斥了。(网络)

[205]它同各地区其他方面的工作不仅不相互排斥，而且可以相辅相成，相得益彰。(网络)

当“不”居后时，是“互相”“相互”修饰整个“不 VP”结构；当“不”居前时，是“不”否定后面的整个相互结构。

(三)相互副词否定形式的同义替换

由于“相”“互”“互相”“相互”本来就是同义成分，在很多情况下，可以替换使用而保持意义不变：

[206]彼岸花，开一千年，落一千年，花叶永不相见。(《法华经》)

[207]花叶两不互见的彼岸花，三色堇。(网络)

[208]花叶两不见 彼岸花的凄美传说。(网络)

“两”当“彼此”“互相”用，在古汉语中较为常见，如“相看两不厌”。所以不借助相互副词仍然可以表达相互义。不同的相互标记进行替换时，结构可能会稍有不同，如：

a.他和邻居不相往来。

b.他和邻居互不来往。

c.他和邻居互相不来往。

“不相往来”这种说法应该是古汉语的存留，“不相来往”这种说法也有，但不常见，我们仅在北大语料库中找到了 1 例：

他们和外界基本不相来往，互相处于隔绝状态。

以上这种能进行替换而保持语义不变的结构不是很常见。

六、相互副词的韵律制约

韵律一致性要求双音节的词一般与双音节的词搭配，单音节的词一般与单音节的词搭配。所以，“互相”和“相互”一般和双音节动词或者多音节词组搭配；“相”和“互”一般与单音节词搭配。

互相帮助	*互相助	互相打/互相骂/互相请
相互帮助	*相互助	相互打/相互骂/相互请
相助	*相帮助	相结合/相关联/相匹配/相比较
互助	*互帮助	

“相助”的“相”在这里表示的是偏指一方义。“互相 V”结构可以组建“2+1”的韵律模式，是因为“V”后允准宾语空缺。“相”可以组建“1+2”的韵律模式，但与其搭配的词自身必须可以表达相互义，这种组配在大部分情况下不能与否定词共现，而且其出现的结构通常是“NP_1 和/与/跟 NP_2 相 VP”。“互”受韵律的制约较为严格，不能与双音节词搭配。

右向音步是惯常的音步组构模式，所谓的右向音步是指从左到右依次将两个音节组成音步，右向音步模式不受语法、语义、语用的影响（冯胜利 1998）。“1+2”音步的使用受到的限制较多是因为，按照右向音步规则，与“2+1”音步模式相比，“1+2”的音步模式是“有标记的音步”。一段语流包含的有标记的音步的数量越少，在韵律上就越好，包含的有标记的音步的数量越多，就越有按右向音步重组的需要（董秀芳，2003）。所以如果“互”后加否定词“不”就可以和双音节词结合，但前提条件是否定词“不”不能出现在“互”的前面。

互不关心	*不互关心	*互关心
互不理睬	*不互理睬	*互理睬
互不相让	*不互相让	*互相让

古代汉语中的韵律限制没有现代汉语这么严格，“相”后面可以接双音节的“VP”结构，如：

[209]虽至大夫之相乱家，诸侯之相攻国者亦然。（《墨子·兼爱上》）

“相”后接双音节的动宾短语，在现代汉语中是不允许的。而且，在现代汉语中，如果单音节动词出现在“互相 V”结构中，那么动词通常是及物的。可是，在古代汉语中，动词可以是不及物的，如：

[210]谁知天路幽险，倚伏互相酬。（朱熹《水调歌头》）

现代汉语中，“互相”和“相互”如果后接单音节词，一般情况下，其后须补上其他成分，以满足韵律需要。比如，我们不可以说“互相见”，但我们可以说“互相见面”“互相见见”“互不相见”。一般情况下，可以通过添加以下几种成分来补足音节。

1. 宾语

我与他用力握手，然后放开，互相让烟，我抽他一支“八喜”，他抽我一支“将军”。（莫言《蛙》）

2. 体标记

他只好两只手互相搓着，有点自卑地罗着腰。（路遥《平凡的世界》）

3. 体标记＋宾语

她暗自想道，也许这是段挺值得珍惜的友谊呢。而且互相说了那么多。（张承志《北方的河》）

4. 重叠动词

我又说：“好。”学生们兴奋起来，互相看看，各自写下去。（阿城《孩子王》）

5. 体标记＋动量词

小猴和小猪互相看了一眼。（童话故事《甜甜的人参蛋糕》）

“相”可以出现在部分成语中，大部分基本遵循“2＋2”的构词模式和韵律模式，如“肝胆相照”“心心相印”“一脉相承”。但也有部分“2＋2”韵律模式的成语在构词模式上是“1＋1＋2”的，其韵律模式按跨层的右向音步模式来实现，如：遥/相//呼应、大/相//径庭、似/曾//相识。冯胜利(1998)提到了“一衣带水”的韵律划分与结构层次不相符的情况，董秀芳(2003)把这种与结构层次不一致的音步称为“跨层音步”。这种韵律模式在“相 V”的否定结构中也广泛应用，如“极不相称”“毫不相干”“素不相识”“各不相干”“各不相扰”等。

第三节　本章小结

汉语中用于实现相互义的显性相互词汇主要有相互代词“彼此”和相互副词“相”“互”“相互”“互相”。本章从历时和共时层面探讨了显性相互词汇的句法、语义表现。

“相”“互”在古汉语中以副词性成分出现，在现代汉语中，大多数情况下作为构词成分。由于本研究同时涉及历时和共时的考察，所以出于对比的需要，在本章讨论“相”和“互”。历时方面主要考察了“彼此”“相互”“互相”的词汇化动因；“彼此”“相互”“互相”相互的语义沾染对各自用法产生的影响；“相”“互”与其后常用词凝结成词的理据；各个词在古汉语中的句法、语义表现。共时方面主要考察了相互代词、相互副词在现代汉语中的句法、语义表现；“相”“互”与否定范畴的互动情况；“相互”“互相”“相”“互”的词语搭配及入句的韵律制约。

本研究还通过定性和定量相结合，比较了“相互”和“互相”在不同时期、不同语体及不同作家的文学作品中的使用情况。

总的来说，“互相”比“相互”出现的频率高；在现代新闻语体中，“相互”比“互相”出现的频率高，而在近代新闻语体中，“互相”比“相互”出现的频率高；文学语体，“互相”比“相互”出现的频率高，这在各个时期基本一致。

第五章　句式相互结构

前两章我们讨论了相互义在词汇层面的实现方式，分析了相互词汇在具体语境中的使用情况。有些相互义可以由词汇成分来实现，而有些相互义则是由整个结构来实现的。本章句式相互结构主要讨论由句式或者说是构式实现的相互义。能用于实现相互义的结构主要包括以下两类：(1)并列复句。在并列复句中，至少存在两个单句，出现在这两个单句中的两个论元可以实现关系的逆反，如"张三爱李四，李四也爱张三"；(2)一些类构式成分，如"你看看我，我看看你""谁也不理谁""推来推去""都……对方"结构、"N(非相互)VN"。

第一节　并列复句结构

相互义可以通过并列复句结构来实现。最常见的表相互义的并列复句包含两个单句，其相互义通过逆反两个互为镜像的论元来实现，如：

张三深爱着李四，李四也深爱着张三。

如果相互事件中只存在两个次事件，可以用两个单句来表示相互义；但如果相互事件中存在多个次事件，就需要用多个单句来表达。而且这种包含多个单句的并列复句结构在即时的语境中使用得尤为频繁，以下是现实的生活场景中的一段对话：

（场景：两个小学生骑着自行车，B在前，A在后）

A：我渐渐地超过他。（A骑到了B的前面，“他”指B，“我”指A）

B：他渐渐地超过我。（B骑到了A的前面，“他”指B，“我”指A）

A：我渐渐地超过他。（A骑到了B的前面）

B：他渐渐地超过我。（B骑到了A的前面）

……

以上任何相邻的一组句子都可以组成一个相互结构，这种表达形式是对现实事件的直接模仿，具有高度的象似性。Maslova & Nedjalkor(2005：430)认为，这种结构具有象似性，相互情境中的复杂结构直接映射到语法结构中。认知语法认为，句法结构是对客观现实的临摹，表达相互义的并列复句结构和客观现实应该说是高度一致的。由于其在句法表达上并不经济，刘丹青(2000)把这种结构称为迂曲法。其他语言中也有类似的表达，如：

英语

John loves Mary and she loves him，too.

John loves Mary and she loves him back.

不论是在汉语中还是在英语中，在很多情况下，后面的分句都需要添加一些成分，才能使整个句子保持平衡。如汉语中须加“也”，英语中须加“too”或者“back”。英语中的并列复句相互结构还有以下变体：

a. John is in love with Mary，and Mary too.

b. John is in love with Mary，and vice versa.

也就是说后一分句动词省略，这是一种介于单句和复句的中间状态，但后一部分从语义理解上来说仍然是单句，所以我们还是倾向于把整个结构看成复句。汉语中没有与a、b相对应的表达形式，对应的汉语要把后面的分句补全：

约翰爱玛丽，玛丽也爱约翰。

粤语中也有相应的复句表现形式：

粤语(Matthew & Yip，1994：87)

Ngóh	béi-min	kéuih	kéuih	béi-min	ngóh.
我	给一脸	他	他	给一脸	我

我和他互相尊重。

相互义的复句表现形式一般用于表达动作参与者数量为二的相互性事件，而且表示的是强相互义。如果动作参与者的数量大于二，这种表达形式的非经济性就显而易见了。出于语言经济性的需要，各个单句可以通过相互词汇进行整合。各个单句的整合既可以通过相互动词来实现，也可以通过相互副词和相互代词来实现。通过相互动词进行整合的，如：

a. 张三打了李四，李四也打了张三。

b. 张三和李四打架。

通过相互副词进行整合的，如：

a. 张三经常帮助李四，李四也经常帮助张三。

b. 张三和李四经常互相帮助。

通过相互代词进行整合的，如：

a. 张三经常伤害李四，李四也经常伤害张三。

b. 张三和李四经常彼此伤害。

整合后通常会出现动词的价减少的情况。

《现代汉语虚词例释》(1982)在解释“互相”的意思时说，“我们要互相帮助”的意思就是“我要帮助你，你也要帮助我”。可见，有些经过整合的句子是可以还原的。a 句和 b 句分别可以用图 5-1 表现。

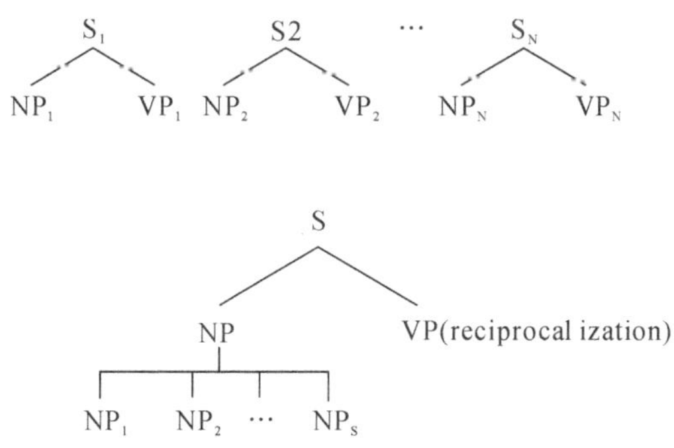

图 5-1

但是出于语言经济性的需要，很多象似结构在很多情况下都会让位于经过相互化的结构，也就是说除非是在特定的情境下，我们会说“张三打了李四，李四也打了张三”，一般情况下我们会说“张三和李四打架了”。而每种后起的非象似的系统都建立在原来象似系统的基础上(Grice，1989：358)。按照Grice的观点，b应该是一种后起的结构，这种结构是建立在a这种象似性的结构的基础上的，b结构的出现是为了满足语言经济性的需要，而语言经济性的结果是句法象似性的磨损，整合后部分信息会缺失。有些相互性事件在现实情境中是很复杂的，但出于语言的经济性原则，在范畴化时编码得相对简单。比如，张三和李四打架了。可能是张三先打李四，也可能是李四先打张三；可能是张三打了李四一拳，李四踢了张三一脚，但整个事件都被编码为“打架”。像“张三打了李四一拳，李四踢了张三一脚”这种句子并不表达相互义，这一点应该没有什么疑问。但是有些学者，如König和Kokutani(2006)认为“张三打了李四，李四也打了张三”这种句子由于没有显性的相互性标记，不应该纳入相互义的讨论范围。我们认为因为两个单句中的动作参与者，从句法的编码形式上看互为施受，所以应该把并列复句结构也纳入相互义的考察范围。

一种意义最后以何种语言形式表现出来与主体的认知体验密切相关，因为语言形式不仅直接临摹现实世界的客体，更多情况是人们概念化的结果，反映的是与认知主体的经验方式、认知规律、概念结构间的对应关系。语言形式意义表现了概念结构的体验性，反映了认知主体对概念的一种组织方式。

第二节 “W来W去”结构

对“V来V去”表重复义的现象，学界已经有了较为充分的研究，但对“W来W去”结构表相互义的现象却关注得比较少。其实，动词、名词、数词和代词都能够进入“W来W去”结构，有些情况下既表重复义，又表相互义；

有些情况下只能表相互义。能进入"W来W去"结构的词类以动词居多。

一、"W来W去"结构的语义特征

(一)"V来V去"

"V来V去"结构既可以表重复义也可以表相互义,表示哪种意义和其出现的具体语境直接相关。

1."V来V去"的重复义

"V来V去" 在大多数情况下表示动作的反复,这一现象很多汉语研究者都已经注意到。学界对"V来V去"表重复义的用法也进行了较为深入的研究。

"V来V去"表重复义的用法在古汉语中就有,并且一直沿用到现代汉语中,如"走来走去""绕来绕去""飘来飘去""跑来跑去""想来想去"等。出现在古代汉语中,如:

[1]从二更走至三更,那里见有船。思量:"今夜何处去好?"走来走去,不知路径。(冯梦龙《警世通言》)

[2]要从西南这条道进去,绕来绕去,就从东南这条道回来了。(郭广瑞《康熙侠义传》)

[3]湖里有十来枝荷花,苞子上清水滴滴,荷叶上水珠滚来滚去。(吴敬梓《儒林外史》)

出现在现代汉语中,如:

[4]古城中薄薄的晨雾,一丝丝,一缕缕被风吹得飘来飘去。(网络)

[5]喜欢照相的人,抱着相机跑来跑去,不知是照花,还是照人。(李广田《花潮》)

[6]在花开的声音里,聆听时光走来走去的脚步,深深浅浅,溢过书香的文字。(网络)

[7]他挣扎着从地上爬起来,惶恐地望着前方,想来想去也搞不清楚究竟是怎么回事。(陈祖基《江南八大剑客》)

在“飘来飘去”“走来走去”这些结构中,“来”“去”还保留着趋向义,但在“想来想去”中,“来”“去”不再表示空间关系,在整个结构中语法化为仅表重复义的标记。“V 来 V 去”表达重复义时,“V”以不及物动词为多,主语既可以是单数也可以是复数。

2.“V 来 V 去”的相互义

“V 来 V 去”除了可以表重复义,还可以表相互义,但是“V 来 V 去”表相互义的条件是,如果动词不是相互动词,须为及物动词。如果动词本身可以表达相互义,不及物动词也可以进入这种结构,如“吵来吵去”。从现有的语料库中,我们没有找到“V 来 V 去”在古汉语中表示相互义的用法,只找到两例用“N 来 N 去”表达相互义的用法,其实在这两例“N 来 N 去”结构中,是名词作动词用的。

[8]喷云照日昏,吐雾遮峰嶂。棒来棒去两相迎。(吴承恩《西游记》)

[9]彼此刀来刀去,未有十数个回合。(不提撰人《狄公案》)

现代汉语中,可以表相互义的“V 来 V 去”,如:

[10]好好一个节目,好好五个小孩,非要黑来黑去,踩来踩去!(网络)

有些动词本身可以表达相互义,这类词进入“V 来 V 去”同时表达相互义和重复义,但其相互义主要是由动词带来的,“来”和“去”主要表达重复义,如:

[11]结婚了以后跟方鸿渐吵来吵去的,一点都不美好。(李玲《男权视角下的女性形象》)

[12]平时两家就常常争长论短,吵来吵去,到今天你又怎么能说得清?(张平《十面埋伏》)

3.既可以表重复义又可以表相互义的“V 来 V 去”

部分动词在“V 来 V 去”结构中出现时,如果主语是单数,不论动词及物还是不及物,都表示重复义;如果动词是不及物动词,那么不论主语是单数还是复数,也表示重复义;如果主语是复数,动词是及物动词,整个结构表重复义还是表相互义要由具体语境而定。所以说,有些动词的“V 来 V 去”结构出现在不同的语境中,既可以表示重复义,也可以表示相互义,如:

打来打去

[13]你也打，他也打，打来打去那枣还没有熟透，已经所剩无几了。(《人民日报》)

从语境我们可以判断出“打枣”这一动作的参与者虽然涉及多方，但多方的动作都是独立进行的，所以“打来打去”只能表达重复义而不能表达相互义，而且“打”在这里并不表示攻击义，只有当“打”表示攻击义，而且这个动作发生在同样具有行为能力的主体间才会出现相互义的解读，如：

[14]两人厮扭着一阵好打，屋子里砰然山响似的刮起了旋风。打来打去，结果难分输赢。(《读者·夏娃的招数》)

从“厮扭”“难分输赢”可以看出[14]中的“打来打去”表达的是相互义。[13][14]两句的主语都是复数，都是由及物动词“打”构成的“打来打去”，但是出现在不同的语境中，有的表示重复义，有的表示相互义。

骂来骂去

[15]素姐骂来骂去，陈实只不出头，自也觉得没有兴趣，遂又骂到右邻石巨门口。(西周生《醒世姻缘传》)

[15]中不论是从单数主语还是从语境都可以判断出“骂来骂去”表示的是重复义。

[16]甚至于相骂，我也看着，看他们如何骂来骂去，如何结果。(沈从文《我读一本小书同时又读一本大书》)

[16]中“骂来骂去”的相互义是从“相骂”得出的。“他们骂来骂去”如果脱离语境，是存在两种解读的。

吃来吃去

[17]吃来吃去还是三鲜伊面最好吃，越简单的味道越让人回味 。(网络)

[17]中“吃来吃去”表达的是重复义。

[18]平行的官则互相招待。吃来吃去，吃的都是百姓的税金，因此招致百姓的反对和抗议。(网络)

[18]中从“互相招待”可以判断出“吃来吃去”表达的是相互义。但从

“吃的都是百姓的税金”，又可以推断出“吃来吃去”同时表达重复义。

推来推去

“推来推去”应该说是表相互义的一个比较常见的例子，但是“推来推去”同样可以表达重复义，如：

[19]那个小孩把板凳推来推去。

[19]中主语是“那个小孩”，所以“推来推去”只能出现重复义的解读。但在“那些小孩把板凳推来推去”这个句子中，“推来推去”就会出现重复义和相互义这两种解读。如果推板凳这个动作是每个小孩独立发出的，那么在这个句子中“推来推去”表达的是重复义。如果该集合中至少有两组小孩把板凳推来推去，那么在这个句子中“推来推去”表达的是相互义。当推的对象为实体时，才有可能出现这两种解读，如果推的对象是抽象的事件，“推来推去”只可能表达相互义。

[20]秦妈妈和韩云程把板凳推来推去，郭彩娣看不过去，把板凳接过来，用责备的口气对韩云程说：“秦妈妈一片好意请你坐，你客气啥？别耽误我们开会！”（周而复《上海的早晨》）

[21]包包在两个女人手上推来推去凡数回，终于还是被留在茶几上了。（蒋晓云《无情世代》）

[20][21]两例根据实际语境可以判断，“推来推去”表达的是相互义。

[22]而削下来的苹果皮，他们俩却推来推去地谦让着，谁也舍不得吃。（《青年文摘·爱从不卑微》）

[23]但这事被推来推去，我跑了三年，加起来不下一万里路，可这件事谁也对我不说清楚。（冯骥才《一百个人的十年》）

[24]“不，还是你骑吧。”“你的年纪大，该你骑。”“你的担子重，该你骑。”就这样，推来推去，谁也不肯骑马。（赵云雁《紫霞剑传奇》）

[22][23][24]“推”的对象分别是“吃苹果皮这件事”“这事”“骑马这件事”这些抽象事物，所以“推来推去”表达的是相互义。

争来争去

当“争”表示“争吵”义时，“争来争去”一般表示相互义，如：

[25]双方互不相让，争得面红耳赤，可是争来争去，也争不出个结果来。（《故事会·吹牛不上税》）

当“争”表示“争取、争夺义”时，会有一些细微差别：

[26]他总喜欢争名夺利，争来争去，结果还是一场空。（网络）

[26]中隐含了一个动作对象，所以说该句从逻辑层面上说，主语还是复数的，“争来争去”表达相互义。但因为“争”的直接作用的对象不是动作参与者双方，而且从具体语境来看，“争来争去”更侧重重复义。所以说当“争”表示“争取、争夺”义时，主语可以以单数形式出现，“争来争去”以表重复义为主，表相互义为辅。

踢来踢去

“踢”既可以作及物动词，也可以作不及物动词。当“踢”作不及物动词时，“踢来踢去”表达的是重复义，如：

[27]珍妮大洋马似的将一双长腿在老爷子面前踢来踢去，竟使得老爷子防不胜防。（叶广芩《黄连·厚朴》）

当“踢”作及物动词时，要根据具体语境判断“踢来踢去”表达的是重复义还是相互义，如：

[28]那个小孩把球踢来踢去。

[28]中“踢来踢去”表达的是重复义。“他们把球踢来踢去”有两种解读，如果踢球的动作是动作参与者集合中的成员独立进行的，则表重复义；如果由集合中的成员以对立组的形式进行，则表相互义。

[29]这个部门怪那个部门不作为，那个部门怪这个部门不配合，你推我，我推你，群众的问题像“皮球”一样踢来踢去！（网络）

[30]一种是接到上级任务马上布置，下面来的事情马上解决；一种是踢皮球，推排球，你踢给我，我踢给你，你推给我，我推给你，踢来踢去，不解决问题，推来推去，就怕拈手负责任。（网络）

[29][30]中根据具体语境可以判断“踢来踢去”表达的是相互义。“踢来踢去”的用法和“推来推去”很接近，但和抽象事物搭配时，一般还是用“推来推去”。

能进入“V来V去”结构表相互义的动词一般为单音节动词，表重复义时，动词可以是双音节的，如“折腾来折腾去”，还可以是两个不同的动词，如“翻来覆去”“颠来倒去”。两个不同的动词进入“V来V去”结构表相互义不是很常见，仅找到了两例，分别是“争来吵去”和“推来让去”。

[31]各执一端是人的天性，他们争来吵去，其实连他们自己也未必就相信自己要说服对方的那番推理。（马原《冈底斯的诱惑》）

[32]就这样相互推来让去。（祁玉江《常想那个年代》）

当“V来V去”中的两个“V”不同形时，不论是重复义还是相互义都有一个共同特点，就是进入这个结构的两个动词都是意义相近或者相反的词。

（二）“N来N去”

名词也可以进入“N来N去”这种结构表相互义，但非常罕见。我们仅找到了一例“眉来眼去”。“眉来眼去”的本义是观赏景色，是一个中性词，如：

[33]落日苍茫，风才定、片帆无力。还记得、眉来眼去，水光山色。（辛弃疾《满江红·赣州席上呈太守陈季陵侍郎》）

[34]驿路上，眉来眼去，几多行客。（易震吉《秋佳轩诗余》）

后来，该词形容眉目传情，多指不正当地勾搭，主语可以为单数，也可以为复数，含贬义，如：

[35]那张三亦是个酒色之徒，这事如何不晓得？因见这婆娘眉来眼去，十分有情，便记在心里。（施耐庵《水浒传》）

[36]因此除了几个知礼有耻的，余者或有与二门上小幺儿们嘲戏的，甚至于与贾琏眉来眼去相偷期的。（曹雪芹《红楼梦》）

[37]张荩不时往来其下探听，以咳嗽为号。有时看见，有时不见。眉来眼去，两眼甚浓，只是无门得到楼上。（冯梦龙《醒世恒言》）

[38]两个处处眉来眼去，以目送情。（施耐庵《水浒传》）

现代汉语中“眉来眼去”只保留了后一种意思。

[39]复旦子弟与美艳模特互相眉来眼去的，隔壁的客房有沙发有床有

地毯，应该住得下他们。（卫慧《上海宝贝》）

[40]“还有，我看你跟她还眉来眼去的，你盯着她看的时间比看牌的时间都长。”韩丽婷说着忽然动了气。（王朔《无人喝彩》）

当主语为单数时，“眉来眼去”表达的是单向义，只有当主语为复数时，“眉来眼去”才用于表达相互义。“眉来眼去”是一个固定的结构，和上文提到过的“棒来棒去”有所不同，“棒来棒去”中的“棒”当动词用，表示“用棒打”的意思，属于临时组配的结构。

（三）“一来二去”和“一来二往”

不仅动词和名词可以与“来”“去”搭配，数词也可以。而且由于“往”和“去”意义相近，所以可以用“往”来代替“去”。

一来二去

[41]林丫头一来二去的大了，他这个身子也要紧。（曹雪芹《红楼梦》）

[42]一来二去，他捣鼓出一本小书，《北京话词汇》。（网络）

[43]这样一来二去，拾金不昧的积极性确实受到了影响。（网络）

[41]—[43]“一来二去”表重复义，其辖域是整个句子。句子的主语不仅可以指人，还可以指抽象的事物。

[44]由于他常去，一来二去与白石老人相熟了。（网络）

[45]一来二去她俩成了十分要好的朋友，时时以姐妹相称。（网络）

[44][45]根据语境可以判断“一来二去”表示的是以表重复义为主，表相互义为辅。

一来二往

“一来二往”在古汉语中没有找到用例，在现代汉语中没有单纯表示重复义的用例，如：

[46]她与张国华一来二往地通信，使得两颗心挨近了。（网络）

[47]小径上散步，草坪上谈稿，一来二往，意气相投。（网络）

[46][47]中的“一来二往”以表重复义为主，表相互义为辅。

（四）“你来我往”

[48]二人在擂台上，你来我往，脚去拳还，只打得眼花缭乱。（唐芸洲

《七剑十三侠》)

[49]每逢过节，亲朋好友你来我往，相互祝福。(网络)

“你来我往”只能表示相互义，“你”“我”已经表示动作参与者是两方，所以其表相互义无须语境支撑。

二、“W 来 W 去”相互义浮现的认知和语用动因

“来”和“去”原本是两个表示方向相反的趋向动词，如果“来”和“去”的动作是由某一动作参与者发出的，表示的是这一动作的往返，如图 5-2 所示。

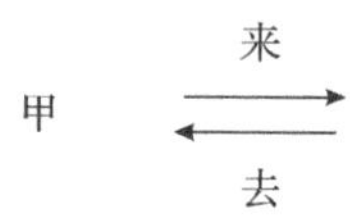

图 5-2

而相互义的表义特征也同样有双向性，只不过这种双向性是通过两个互为施受的动作参与者来实现的，这为促使“来”“去”共现产生相互义提供了有利条件，如图 5-3 所示。

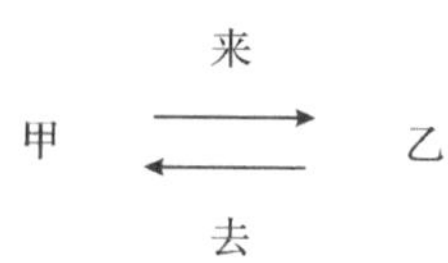

图 5-3

“来”和“去”本来是表空间关系相反的两个动作，后来用于编码动作参与者双方相互影响的事件，也正是由于“来”“去”的往返性特征，由“W 来 W 去”编码的相互事件一般都是有序的复数事件。“W 来 W 去”中这种相互义不仅和语言编码从空间关系向非空间关系发展的认知共性有关，而且这种意义是在重复使用中浮现出来的。词语在使用时，会把语境所表达的意义吸收进来，从而使原来的语义发生变化(Bybee，1994)，“W 来 W 去”发展出相互义的另一个主要动因是语境吸收，也就是说，其表达相互义的功能是在特定的语境中重复使用而发展出来的。“W 来 W 去”表达重复义时，“来”

"去"语法化较为彻底,成为表达重复义的标记。而能进入"W 来 W 去"表达相互义的词还不是很多,而且"W 来 W 去"表达相互义需要得到足够的语境支撑。所以说,语义和语用是两个相互作用的范畴,新的语义的产生及固化往往是语用影响的结果。

"W 来 W 去"由最初的趋向义,如"风里来雨里去"发展出重复义,再发展出相互义,而原来的趋向义和重复义仍然部分保留在后起的相互义中。Nedjalkov(2007:17)认为从相互义发展出重复义是很多语言的共性,"V 来 V 去"结构是一个反例。其他语言中也存在重复义和相互义同标的情况,如:

萨摩亚语(Mosel & Hovdhaugen,1992:180)

fe-sogi

相互一吻

接吻

fo-a'a

反复一踢

反复踢

"W 来 W 去"表相互义时与表重复义是兼容的,也就是说"W 来 W 去"如果表达了相互义,在大部分情况下,也同时表达了重复义。

第三节 "你 V 我,我 V 你"

刘丹青(2000)认为相互义可以用回环格式来表示,回环格式分为两种,一种由人称代词来实现,一种由"谁"的前后呼应来实现,如:

[50]他们两个人笑呵呵地你看我,我看你。

[51]你们就不要你怪我,我怪你的了。

[52]两个人就那么站着,谁也不看谁,谁也不和谁说话。

本节主要讨论"你 V 我,我 V 你"结构,其实这种结构是并列复句结构的一种变体。但是这种结构和并列复句结构不论在语义特征上，还是句法分布上都存在着一定的差异。

一、“你V我，我V你”的语义特征

“你V我，我V你”结构可以用于动作参与者为二的强对称事件中，“你”“我”表实指，如：

[53]我们两个就不用你谢我，我谢你的了。（网络）

这种情况下，“你V我，我V你”结构与并列复句结构基本相同。但这种“你”“我”表实指的情况非常少，只能是当主语为“我们”，而且只表示说话者和听话者两个人时，“你”“我”才可能是实指。有些情况下，“你”“我”虽有所指，但并不是实际的说话人和听话人，而是回指前面提到过的讨论对象，如：

[54]他们两个人笑呵呵地你看我，我看你。（网络）

大多数情况下，“你”“我”不是实指，而是任指。

[55]星星们——在他眼中——好似比他还着急，你碰我，我碰你的在黑空中乱动。（老舍《骆驼祥子》）

[56]教室里安静极了，大家你看看我，我看看你，却无人举手。（网络）

刘丹青(1982)认为由于“你”“我”没有实际的指称意义，所以像“张三”“李四”这样的虚指人物也可以进入这种格式，如：

[57]这个村子很不安宁，总是张三告李四，李四告张三的。

以上例子中人称代词的对举，“你”“我”表示的是相互性事件的动作参与者集合中的两个不定的成员，而且由于以上两个例句表达的都是辐射型弱相互义，具体是任指哪两个成员要看具体语境而定。

二、“你V我，我V你”的句法分布

“你V我，我V你”在句法上相当于形容词(刘丹青，2000)，可以充当谓语、状语，也可以和副词同现，如：

[58]你们就不要你怪我，我怪你的了。

[59]别你推我我推你地不肯表态。

[60]他们两人同时捏起筷子，指着碗沿，笑迷迷的你看我，我看你。（鲁迅《幸福的家庭》）

所以说"你V我，我V你"结构从句法形式上看和并列复句结构极为相似，但由并列复句结构派生而来的"你V我，我V你"，却发展出了短语的功能和用法。"你V我，我V你"结构还有更为简约的形式"你V我V"，如：

[61]每次评先进，大家不争不闹，你推我让，搞得队里和单位的领导很难为情，只能投票决定。（祁玉江《常想那个年代》）

类似的结构还有"你追我赶""你争我夺""尔虞我诈"，但这种结构的能产性不是很高。

第四节　"谁都/也不V谁"

"谁"的呼应格式只能以否定的形式出现，即"谁都/也不V谁"。"谁都/也不V谁"和"你V我，我V你"结构从语义表征上看基本相同，其中的"谁"具有任指功能，没有实际的指称意义，如：

[62]而两人同变成哑子，吃饭做事，谁都不理谁。（钱锺书《围城》）

[63]两个人从此意见不合，谁也说不服谁。（赵树理《传家宝》）

[64]结果，争来争去，谁也不服谁。（李佩甫《羊的门》）

用同样具有任指特征的"哪个"来替换"谁"意思也是一样的，如以上例句也可以说成"争来争去，哪个也不服哪个"。"谁都/也不V谁"一般用于表达强相互义，表示相互性事件中的动作参与者集合中的任意两个成员间的关系。两个"谁"可以分布在不同的句法层级中，如，前一个"谁"出现在主句中，后一个"谁"出现在宾语从句中，也可以表达相互义，如：

[65]两个人在一个城市住着，谁都知道谁住哪，可是这么多年就是一面没见！（网络）

"谁都不V谁"结构中后面的"谁"可以换成"对方"，语义保持不变，如：

[66]争来争去、吵来吵去，谁也没说服对方。（王素萍《江青的第一次婚恋》）

但是从韵律和谐的角度来看,“谁都/也不 V 谁”韵律的对称性更强,所以用“谁”比用“对方”的情况更为常见。

从句法分布上看,和“你 V 我,我 V 你”不同的是,“谁都/也不 V 谁”一般以分句和谓语的形式出现,不充当状语。

第五节 “都……对方”结构

一、“都……对方”结构的相互性用法

在所罗门群岛的索瓦语中,相互义的表达方式比较特别(Wegener,2005)。这种语言表达相互义的副词“mapamapa”,其词源是“人一人(person-person)”却在句法上表现为副词,宾语位置不出现显性的论元。其论元的标记形式出现了不对称现象:主语表现为复数形式,这与主语表示相互性事件动作参与者的集合相吻合,但是动词的宾语词缀在人称、数和性上表现为第三人称单数阳性。

Mapamapa　　ze-va　　zua-li-ghu=e

相互　　第三人称复数　　问一第三人称单数宾语

他们互相询问。

其实,不只索瓦语,其他语言的相互义表达中也存在主语的数和宾语的数不一致的情况,如:

Amele(新几内亚巴布亚岛的一种语言)(Roberts,1987: 132)

Age　　qet-u-do-co-b

第三人称复数　砍一谓词标记一第三人称单数一不同的主语一第三人称单数

qet-u-do-co-b　　eig-a.

砍一谓词标记一第三人称单数一不同的主语一第三人称单数　第三人称复数一今天的过去

他们互相砍了对方。

英语中的“each other”在凝结成固定词组以前，其相互义也是由分配算子“each”加上表单数的“other”来实现的。汉语中也有用表单数的词编码相互义的情况，即“对方”。“对方”是指处于与行为主体相对地位的一方，表单数，如：

[67]对方大约40岁，用汉话问陆高要介绍信，陆高看出这是个藏族同胞。(马原《冈底斯的诱惑》)

[68]对方不服，要求再战。(网络)

[69]她只“喂”了一声，对方就收线了。(网络)

[70]你什么也不说，对方却知道你在想什么，无语，亦能懂。(网络)

“对方”在以上例句中都指在同一事件中，与叙述者发生联系的另一方。在以下例句中，由于受到副词“也”的影响，“对方”出现的整个句子表达了相互义。

[71]宇觉得有些面熟…… “许一尘!”几乎同时，对方也认出了他。(小桔子《咬过一口的苹果》)

[71]表达的意思是在宇认出许一尘的同时，许一尘也认出了宇，或者说宇和许一尘几乎同时认出了对方。也就是说，可以用并列复句结构表示：宇认出了许一尘，许一尘也认出了宇。

当句子的主语为复数时，“对方”也可以单用，整个句子表达相互义，如：

[72]站在山顶和站在山脚下的两人，虽然地位不同，但在对方眼里，同样的渺小。(网络)

[73]从此我们会像亲人那样关心对方，像朋友那样祝福彼此。(网络)

[74]一个人时善待自己，两个人时善待对方。(网络)

[75]我们不能在一起，因为我们要以友情的名义一直深爱着对方。(网络)

[72]—[75]中的“对方”都可以用“彼此”进行替换。以上例句从表层形式上看，是“对方”单用表达相互义，其实有一个隐性的“都”存在，把动作分配到动作参与者集合的各个成员中，从而实现相互义。

“对方”还可以和表相互义的“彼此”“互相”同现，如：

[76]这时他们才发现，他们彼此在对方的心中是多么的重要。（网络）

[77]在今天迅捷的互联网上，彼此不知道对方是谁。（网络）

[78]他们可以互相感受到对方的气息。（网络）

“对方”还可以和“都”结合，构成特定的表达相互义的结构，即“都……对方”：

[79]人生，若只如初见，相遇的那一刻，擦肩即错过，回眸即惊艳，而我们都选择了为对方停留。（网络）

[80]陷入爱河的男女，在爱情的迷醉下，都会把对方视为完美无缺的偶像。（网络）

[81]这怨恨使他俩随时都留着一个心眼去盯对方。（郎凯宁《对手》）

[82]它们都企图凭自己的实力战胜对方。（佚名《恨》）

综观以上几种结构，我们可以发现“都……对方”在大多数情况下都与非相互性动词同现。这是因为“对方”的主要功能是用于编码单向性事件，分配算子“都”把动作分配到集合的各个成员中，各个单向性事件互相累加，构成了相互性事件。

二、“都……对方”结构的歧义现象

“都……对方”结构表相互义的功能不是很稳定，很多情况下会产生歧义，如：

他们都爱上了对方。

以上例句可以表达三种意义：

一是，“对方”可以指相对于“他们”的另一方，也就是说“对方”不属于“他们”这个集合，“对方”表示的是“他们”这个集合以外的一个成员，也就是所谓的“对方”的宽域解读，即他们爱上了同一个人。此时例句表达的是单向义。

二是，“对方”可以指相对于“他们”的另一方，也就是说“对方”不属于“他们”这个集合，“对方”表示和“他们”这个集合中各个成员一一对应的成员，也就是所谓的“对方”的窄域解读，即他们有各自的所爱。此时例句表达的也是单向义。

三是,“对方”可以属于“他们”这个集合,由分配算子“都”把动作分配给“他们”这个集合中的各个成员,“都”再起加合功能,把各个次事件联系起来,实现相互义。

一般来说,我们都会倾向于第三种理解,其他理解通常需要具体语境的支持。

以上情况还是相对简单,如果“都……对方”结构出现在嵌入式相互性结构中,情况会更加复杂。在讨论嵌入式相互结构的歧义现象时,我们只考虑第三种情况。

“都……对方”结构表相互义的功能由既为分配算子又为加合算子的“都”和表单向义的代词性成分“对方”共同实现,“都”的辖域的不同是“都……对方”结构在很多嵌入式相互性结构中出现歧义的主要原因。在嵌入式相互性结构中,英语中的“each other”也存在歧义现象。国外的很多学者已经注意到英语中部分含有“each other”的嵌入式相互性结构存在歧义现象(Higginbotham,1980;Heim,1991;Williams,1991):

John and Paul said that they saw each other.

John 和 Paul 都说他们看到了对方。

a. John and Paul said that they (John and Paul)saw each other.

John 和 Paul 都说他们彼此看到了对方。

b. John said that he saw Paul, and Paul said that he saw John.

John 说他看到了 Paul,Paul 说他看到了 John.

句 a 是“我们(we)”的解读方式,即“我们都看到了对方”。从句中的主语代词“他们(they)”与主句中的“John 和 Paul”互指;句 b 是“我(I)”的解读方式,即“我看到了对方”,主句的主语具有离散性特征,从句主语受分配算子的约束。可是,以下这个句子就没有任何歧义:

John and Paul said that they defeated each other in the final.

John 和 Paul 都说最后是自己打败了对方。

而这个句子就不合语法:

John and Paul defeated each other in the final.

最后 John 和 Paul 都打败了对方。

这就很难解释为什么有些词进入这个结构会产生歧义，而有些词进入这个结构没有歧义。其实，以上句子没有歧义是“打败”和“最后”共同作用的结果。这两个词同现，我们就可以肯定这是一个单一事件，不可能出现次事件的解读。所以说，嵌入式相互结构是否有歧义取决于是否允准次事件的解读，如以下句子同样可以产生歧义：

张三和李四都说上个月他们打败了对方好几次。

a. 张三和李四都说上个月他们彼此打败了对方好几次。

b. 张三说上个月他打败了李四好几次，李四说上个月他打败了张三好几次。

这种嵌入式相互结构的歧义现象不会出现在由相互动词编码的相互性事件中。因为由相互动词表达的相互性事件不允许出现次事件的解读，所以也就不可能有“我(I)”的解读方式，而只能有“我们(we)”的解读方式，如：

张三和李四都说他们遇到了对方。

汉语和英语的情况基本相同。汉语中，如果有些相互义的编码形式会产生歧义，有些则不会：含“彼此”的嵌入式相互结构一般不会出现歧义现象，但含“都……对方”的嵌入式相互结构会出现歧义现象，因为“彼此”的出现已经决定了事件具有相互性，而“都……对方”则不同，如：

张三和李四都说他们爱上了对方。

a. 张三说他和李四相爱了，李四说她和张三相爱了。

b. 张三说他爱上了李四，李四说她爱上了张三。

歧义由分配算子“都”和回指词“他们”共同引起。当“他们”分别指张三和李四时，为“我”的解读方式；当“他们”作为一个整体时，为“我们”的解读方式。间接嵌入式相互结构，同样存在“我们”和“我”两种解读方式，如：

张三和李四都说他们送给了对方一件礼物。

a. 张三和李四都说他们彼此送给了对方一件礼物。

b. 张三说他送给了李四一件礼物，李四说他送给了张三一件礼物。

不仅在汉语中,其他语言中不同的相互义表义成分在句法功能上也有着不同的分工,如:

俄语(转引自 haspelmath,2007:2098)

Dmitrij i Ivan pokljalis' pogubit' odin drug-ogo.

Dmitrij and Ivan swore ruin one other-ACC

Dmitrij 和 Ivan(都)发誓(要)毁了对方。

巴斯克语 (Hualde & Ortiz de Urbina,2003:613)

Epi-k eta Blas-ek ez dakite {*elkarr-ek/ bata bestea-k} zer egin duen.

Ernie—作格 和 Bert—作格 不 知道 eachother—作格 one other—作格 什么 做 助词

Ernie 和 Bert(都)不知道对方将做什么。

俄语中的相互代词"drug druga"的语法化程度比"odin drugogo"高;巴斯克语中"elkar"更高(haspelmath,2007:2099),这是代词出现在不同的句法环境中的主要动因。对照汉语译文,我们可以发现"都……对方"结构和"彼此"的意义存在细微的差别。在汉语中,"彼此"如果进入这个结构接受度也会比较低。我们认为语法化程度高的相互义表义成分更偏向于表相互性的单一事件,而语法化程度低的则更多地通过多个表示单向性的次事件的累加来表达相互义。

第六节 "N(非相互)VN"

具有类指特征的名词可以进入由表达单向义的非相互动词作谓语的主谓宾结构,以构式"N(非相互)VN"的形式出现,实现表达相互义的功能。在这种结构中,居于动词前后的两个同形名词可以实现关系的逆反,由此实现整个结构的相互义,如:

狗咬狗。

Diamond cuts diamond.

这种名词重复的形式一般用于类指语境。如果名词短语具有类指指称性,就很容易出现相互性解读。类指名词短语,用于指称属于某一集合的全部个体。两个名词短语不可以指代属于同一类的两组不同成员,否则会与表单向义的及物动词冲突。因此,前后两个名词是一种互指关系。

与类指名词相比,身体名词更容易进入这个结构。部分表身体部位的名词可以通过非相互动词连接,使整个结构呈现出相互义,如"面对面"。与汉语不同,英语中的身体名词通常用介词连接,如"face to face""arm in arm""shoulder to shoulder"。

[83]枫叶更红了,红得鲜艳欲滴,美不胜收。林中有一对青年男女<u>面对面</u>坐在假山石上,喁喁私语。(碧水《爱在深秋》)

[84]Seconds became years as they stood <u>face to face</u> watching the other.(网络)

除了汉语和英语,其他语言中也有类似的情况,如法语中的"face à face(面对面)""coude à coude(肩并肩)"。Jackendoff(2008:16)注意到英语中的"N to N"结构使用情况具有特殊性,其能产性受到严格限制,一般"N to N"结构表达相似物体的相似部位的紧密接触或者并置,但是,一方面,它不能类推出其他身体部位的相似结构,如"脚对脚""手对手";另一方面,如果用表非身体部位的名词来替代,可接受度就会降低,意义也会发生改变,例如英语中的"door to door"意义已经发生了改变,这个短语表达的是快递公司送货上门,而非字面意义上的"门对着门";还有"side to side"也不表示两个物体的并置,而是指单一物体的摇摆(Jackendoff,2008:12)。但"side by side"可以表达相互义,表示并排,"side by side"还有一种虚化用法,表示"一起、共同"义,这和汉语中的"肩并肩"大致相当。只是汉语中的"肩并肩"虚化的结果是"并肩","并肩"同样表达"一起、共同"义。

各种语言对能进入"N(非相互)V/Prep. N"结构表相互义的名词的选择是不同的,如法语中有"鼻对鼻"的表达"nez à nez","à"相当于英语中的介词"to",而在汉语中很多表身体部位的词表相互义是通过动词连接的。汉语中,"N(非

相互)VN"其中的名词可以是实指的,也可以是类实指的。实指的,如:

[85]两个人从小就手牵手,出双入对,十足一对小情人。(岑凯伦《蜜糖儿》)

如果动作参与者数量为二,则表示强相互义;如果动作参与者数量大于二,则表示弱相互义中的相邻义,如:

[86]山里学生见惯了洪水,并不感到害怕,洪水如果不是太大,就手牵手结伴而过。(网络)

表强相互义,只能通过"N(相互)VN"来实现,如:

[87]大家心连着心。

[87]的"心"是隐喻性的用法,我们称其为类实指成分。这种多个动作参与者间的强相互关系是由名词的类实指性实现的。

"N(非相互)VN"结构内部成分结合的紧密度存在等级区别,"狗咬狗"以习语的形式存在,各成分结合的紧密度非常高,整个结构已经凝结成一个固定的表相互义的构式,这和该结构中的名词为类指成分有着直接的关系;"面对面"表达的意义还是一个人面对着另一个人,但中间不能插入任何成分;而"手牵手"结构中的动词通常可以和"着"搭配,如"手牵着手",而且像"手牵手"还可以用"牵手"来表达相同的意思。

[88]不远处,一对恋人正在月光下牵手而行。(网络)

"N(非相互)VN"结构,各成分结合的紧密度是由名词成分决定的,如果名词成分的去范畴化特征越显著,那么整个结构结合的紧密度就越高,如"面对面"就可以看成是一个类构式成分。汉语中除了单音节名词,双音节名词也可以进入"N(非相互)VN"结构表相互义,如"针尖对麦芒",但是"针尖对麦芒"已经不再表示其本意,而是一种隐喻性的用法。

"N(非相互)VN"结构中的名词性成分或多或少地具有去范畴化的特点。所谓的非范畴化,是指名词、动词或者形容词等词类的范畴特征逐渐消退,结果是其原有范畴功能部分丢失或者完全丢失,其意义出现泛化(Hopper & Tompson,1984)。如果说像"手牵手"这种结构中的名词性成分还保留着大部分的名词性特征,那么像"面对面"这种结构中的名词性成分,其名词性功能已经基本退却。

第七节　本章小结

本章主要讨论了由句式或者说是类构式实现相互义的结构，即并列复句结构、“你看看我，我看看你”“谁也不理谁”“推来推去”“都……对方”结构、“N(非相互)VN”。并列复句结构的相互性通过至少两个论元关系相互逆反的单句来实现，这种结构和现实事件具有高度的象似性，也是相互事件最不经济的一种表达法，所以这种结构大多出现在口语中。表达相互义的类构式成分也是本章的考察对象。

“你看看我，我看看你”“谁也不理谁”可以看成是并列复句结构的一种变体，但这些结构一般以句法成分的形式出现，其中的代词性成分具有任指性的特征。

“W 来 W 去”结构由空间义发展出重复义和相互义，其相互义用法是在现代汉语中后起的。可以进入“W 来 W 去”结构来表达相互义的一般是名词和动词。名词进入这个结构表现的是动词的特征。数词和代词也可以进入这个结构表示相互义，但其中的“去”一般要用“往”来替代。“W 来 W 去”发展出相互义，和“来”“去”表方向相反的趋向义有关，语境吸收也发挥着很大的作用。

“都……对方”结构表达相互义时，其相互义通过既为分配算子又为加合算子的“都”和“对方”共同作用而实现。这种结构有时候会出现歧解，“都……对方”在什么情况下会出现歧解和其出现的句法环境和进入这个结构的动词类型有关。

“N(非相互)VN”结构中的名词性成分可以表类指，也可以表实指。但是不论哪种类型，其中的名词都或多或少地具有去范畴化的特征。

第六章　相互成分的同现与互斥

很多语言中都有不止一种的相互义表义方式，有些相互义的表义方式可以同现。从语言类型学的角度来看，两种相互义表义策略同时使用是一种比较常见的现象，如汉语、日语、罗曼语和图瓦卢语（Köing & Kokutani，2006）等中都存在这种语言现象。但是正如 Haiman（1983）和 Kemmer（1993）所说，这些表义方式的选择和使用都不是任意的。哪些可以同现，哪些互相排斥都受到语言内部规律和语言外部的语用因素的影响和制约。本章主要探讨相互性成分的同现和互斥问题。

第一节　相互性成分的同现

出于语言经济性的考虑，在大多数情况下相互义只用一种表义方式来实现，如：

汉语

小鸭也诚然是可爱，遍身松花黄，放在地上，便蹒跚的走，互相招呼，总是在一处。（鲁迅《鸭的喜剧》）

我们互相追逐着，嬉闹着，在青石板巷中溅起一朵朵水花。（网络）

德语（Björn & Nedjalkov，2007：458）

Sie lieben einander.

他们 爱 彼此。

他们彼此相爱。

日语

学生 は お互いに 笑 た。

学生 主格标记 互相 笑 过去

学生们互相笑。

但是很多语言中都有多种表达相互义的形式，而且有些表义形式存在多义性，如德语中的“sich”既可以表示自反，也可以表示相互。出于表义清晰性的需要，“sich”经常与另一表相互义的成分“gegenseitig”共现，表达相互义。

德语（Köing & Kokutani，2006：285）

Die beiden studenten haben sich gegenseitig verteidigt.

定指 两个 学生 完成 自反/相互 互相 保护

这两个学生互相保护。

两种表相互义的成分在同一个句子中出现的现象在很多语言中都有，如：

汉语

五里一村，十里一镇，高音喇叭里传播的秦腔互相交织，冲撞。（贾平凹《秦腔》）

日语

お互いに その 後の 生活 について 話し 合った。

互相 那 以后的 生活 关于 说 相互.过去

互相讨论此后的生活。

今後 は 互い が 助け 合おう。

今后 话题 彼此 主格 帮助 相互 劝诱语气

今后让我们互相帮助吧。

在以上的这些例句中，除了德语中的“sich”如果单用会出现歧义外，其他的例句用一种表义方式就足以表达相互义，所以说在很多情况下，相互义表达存在羡余现象。人们遵循经济原则，但并不是说任何语言都没有不经济的形式，羡余是语言交际的必要方式。所谓羡余，是指语言结构的形式多于意义表达的需要，也就是说语形相对于语义有所剩余，表现为语言形式没有语义内容或者是几种语言形式表达同一语义内容（杨明义，1999；潘先军，2012）。这里讨论的是几种语言形式表达同一语义内容的现象。

一、相互义表达的词汇内部羡余现象

双音化是促使词汇羡余产生的主要推动力。古汉语以单音词为主，原本符合语言的经济原则，但社会的发展，越来越多新事物的产生要求语言提供更为丰富的表达形式，由此，单音词通过各种途径进行双音化。汉语中最常见的表现相互义的语法成分"相互"和"互相"，就是由可以分别单独表示相互义的"相"和"互"，相互结合同义羡余语素而实现双音化的。这种由双音化引起的羡余现象在相互名词、相互动词和相互形容词中也存在，如古代用"朋"指朋友。

[1]有朋自远方来，不亦乐乎？（《论语·学而》）

现代汉语中"朋友"中的"朋"和"友"意义相同，互为羡余成分，动词如"争吵""分别""拼凑""比赛"内部两个成分也互相羡余。动词如"相遇""相逢""相融""相邻""相距"等，形容词如"相似""相像""相反"等，其前缀"相"是羡余的。固定短语"1＋2"和"2＋2"格式也存在羡余现象，如"相结合""摩肩接踵"等。

二、相互义表义策略羡余现象

在相互义表义策略的羡余现象中，可以是相互义表义成分的同类羡余，也可以是跨类羡余。同类羡余，如显性相互词汇"彼此"和同为显性相互词汇的"互相"同现；句式相互结构和句式相互结构同现。跨类羡余，如显性相互词汇与隐性相互词汇同现；显性相互词汇和句式相互结构同现。

（一）相互代词与其他表达相互义的成分同现

相互代词可与相互副词、相互动词、相互名词、相互形容词、“都……对方”结构同现。

1.“彼此”与“相互”“互相”同现

“彼此”可以与“相互”“互相”这样的副词性成分同现，如：

[2]务要行动相联，若过于延长，彼此不互相敛凑，车车不能包裹，差误不小。（戚继光《练兵实记》）

一般情况下省略“彼此”不会改变句子的意思，但有些句子中，去掉“彼此”会产生歧义，如：

[3]成年人总希望彼此相互了解，可孩子是不会这样的。（《北京人在纽约》）

加上“彼此”指的是先行词“成年人”希望互相了解，如果略去“彼此”，相互了解的对象就不确定，可能是成年人和成年人，也可能是成年人和孩子。

2.“彼此”与相互动词同现

[4]幸福就是彼此相爱的两个人能相爱一辈子。（网络）

[5]篦墙不固，门窗不严，故我与邻人彼此均可互通声息。（梁实秋《雅舍》）

[4][5]去掉“彼此”也不会改变句子的意思。

3.“彼此”与相互形容词同现

[6]冯铉曾任驻瑞士大使，我们曾是同事，彼此很熟悉 。（网络）

[7]我和她认识十年了，彼此很要好。（网络）

[6][7]的“彼此”作为分句的主语，从句法角度来看不能省略，从语义角度来看，略去不会影响整个句子的意思。

4.“彼此”与相互名词同现

[8]彼此曾经是同学，现在成了同事。

[8]省去“彼此”，不会影响相互义的表达。

5."彼此"与"都……对方"结构同现

[9]两人点了点头，彼此都了解对方的意图，彼此都反映出失望的神色。（李英儒《野火春风斗古城》）

[9]"彼此"与"都……对方"结构互为羡余成分，但只能省略"彼此"，因为"彼此"是主句主语的照应词，省略也不会影响句子的意义。如果省略"都……对方"结构，"意图"就会缺少限定成分，而影响语义的表达。

6."彼此"与相互形容词、相互名词同现

这几个成分一般不能直接在同一个语法层级内同现，如：

[10]曾经是彼此很要好的朋友，现在成了恋人了。

[10]中"彼此"和相互性形容词一起作为整个主谓结构修饰相互名词。省略"彼此"，句子意思保持不变。

当"彼此"以同位成分出现时，后续句通常会出现表相互义的成分，所以"彼此"一般可以省略，如：

[11]篦墙不固，门窗不严，故我与邻人彼此均可互通声息。（梁实秋《雅舍》）

这句话去掉"彼此"意思也是一样的。"彼此"作为"我与邻人"的同位成分，并不表达任何新的信息，所以去掉也不会影响整句话的意思。同位短语的组合与一般短语的组合表达的信息量是不同的，同位短语中，一般后面的同位语都是羡余的。也就是说在同位短语中，出现前面的短语就足以表达完整的意义了，所以当"彼此"充当同位语，而且后续成分出现隐性相互词汇时，略去表达相互义的代词成分"彼此"对语义的影响也不会很大。当"彼此"不是以同位语的形式出现时，有时能省，有时不能省，要看具体情况而定。

(二)相互副词与其他表达相互义的成分同现

相互副词可以与相互动词同现，也可以与句式相互结构同现。

1.相互副词与相互动词同现

相互副词与相互动词同现是一种较为常见的现象，如：

[12]中年男人与“苗族少女”用极快的速度互相调换了装满李子的大背篓。（网络）

[13]一种湿润的海洋气息与清香的芳草气息相互交织着扑鼻而来。（网络）

[14]大家一起品着茶，尝着果，看着舞，相互交谈着。（网络）

[12]—[14]略去“相互”和“互相”都不影响句子意思的表达。当“相互”“互相”与相互动词同现时，相互动词一般表示内部存在次事件的相互事件，如“调换”“交谈”等。或者相互动词表示的是一种空间关系，如“交织”等。但有些句子添加“相互”和“互相”是受到了句子内部短语韵律和谐律的制约的，如：

[15]比如法国、比利时、荷兰等国家，要想互相联盟抵御战争，恐怕都要通过卢森堡这个关键的地方吧？（网络）

[16]再次，声音与感情互相纠缠，互相融合，声情并茂，既有语感又有情感。（网络）

四字格式是汉语中常用的格式，为了保持与同一句子中其他四字格式的平衡，通常会在双音节的相互动词前用“相互”和“互相”补足四字音节，以满足整个句子的韵律要求。而且这种情况在正式语体，尤其是政论语体中出现的频率较高。

2. 相互副词和句式相互结构同现

相互副词和句式相互结构同现的用例不是很多，“相互”可以和“W来W去”同现，如：

[17]复旦子弟与美艳模特互相眉来眼去的，隔壁的客房有沙发有床有地毯，应该住得下他们。（卫慧《上海宝贝》）

[18]就这样相互推来让去。（祁玉江《常想那个年代》）

[19]各种语言学或多或少有它的道理，你可以相信，也可以不相信，但是不要过多互相攻来攻去。（徐烈炯《中国语言学在十字路口》）

这种用例非常少见。

（三）句式相互结构和句式相互结构同现

句式相互结构和句式相互结构同现的情况，只有一种较为常见，即“你V我，我V你”和“V来V去”同现，如：

[20]这个部门怪那个部门不作为，那个部门怪这个部门不配合，你推我，我推你，群众的问题像“皮球”一样踢来踢去！（网络）

[21]一种是接到上级任务马上布置，下面来的事情马上解决；一种是踢皮球，推排球，你踢给我，我踢给你，你推给我，我推给你，踢来踢去，不解决问题，推来推去，就怕沾手负责任。（网络）

“你V我，我V你”结构一般出现在“V来V去”结构前面，“V来V去”结构是对前面事件的一种总结。

“V来V去”也可以和“谁也不V谁”结构同现，但两者在语义上没有联系，如：

[22]结果，争来争去，谁也不服谁。（李佩甫《羊的门》）

虽然有些相互义的表义策略的同现是羡余的，但大多数相互义的表义策略的同现都是有一定理据的。Zipf（1949：viii）认为人类的所有行为包括言语行为都受到省力原则的支配，也就是说以最小的代价换取最大的收益，这表现在说话者希望用较少的语言形式来表现较多的语言意义。按照省力原则，每种语言中有一种相互性策略就够了，可是同样根据省力原则，听话者却希望说话者能提供更多的语言形式，使意义更为清晰，以缩减对话语理解的认知努力。这两者是相互矛盾的，只有两者达到平衡，才是真正的省力（Zipf，1949：22）。有些语言中，有些相互义的常用的编码策略同时可以用于编码其他意义，如在印欧语中，很多相互义的表义成分同时也可以表自反义，所以为了使表义清晰，会和其他相互义表义成分一起实现相互义。从以上讨论，我们也可以发现，在汉语中，当有两种相互义表义成分同现时，如果略去其中一种，会产生歧义。有些相互义表义成分同现则和表义清晰性要求无关，而是出于韵律和谐的需要。

第二节 相互性成分的互斥

一、相互副词与含“相”“互”的隐性相互词汇的互斥

部分隐性相互词汇本身含有表相互义的“相”“互”，如相互动词“相遇”“相爱”“相距”“相连”“互补”“互助”等，相互形容词“相似”等。“相”“互”在古代汉语中，本来就是表相互义的副词，所以会和相互副词“相互”和“互相”发生互斥。

二、相互副词与不含“相”“互”的隐性相互词汇的互斥

“互相”“相互”并不是和所有的相互动词都会互斥，如果相互动词可以表示内部存在次事件的相互性事件，则可以和“互相”“相互”同现，如“相互交换礼物”“互相交谈”，这一点在相互义表义成分的同现部分已经有所涉及。而像“拥抱”这类词，既可以用于表示相互事件，又可以用于表示单向事件，不论表示哪种事件都可以和“互相”“相互”同现。“互相”“相互”只和部分相互动词互斥。与“互相”“相互”互斥的最典型的动词是结婚类动词，在日语中也有同样的情况，其实，这可以说是大多数语言的共性。

结婚

如果动作参与者只有两个，“结婚”非常严格地不能和其他相互义表义成分共现，在北大语料库中，我们没有搜到“相互结婚”“彼此结婚”，仅搜到1例“互相结婚”。

[23]他收养、资助过许多无家可归的孤儿，这些孤儿在他身边长大，互相结婚或联姻，在他周围形成了一个很复杂的社会关系。

[23]中，“互相结婚”的逻辑主语不定指，这也许是允准“互相”和“结婚”组配的原因。如果主语定指，“互相”和“结婚”组配是受到严格限制的。

打架

在北大语料库中，我们共搜到“打架”1589 例，“互相打架”仅 7 例。而且在这 7 例中，真正表示“打架”的本义的只有 3 例，主语都是动作参与者数量大于二的结构，分别为“中国偷渡者”“犯罪团伙”“左良玉和刘国能两家将士”。另外 4 例表达的是“相悖、矛盾”义。

[24]不适应社会主义市场经济，甚至部门之间制定的条文互相打架，执行起来难度大。

[25]有时说阶级斗争年年讲、月月讲、天天讲，这是互相打架的。

[26]宿命和宿命也是互相打架的。

[27]宿命和人情人事是可以互相打架的。

“相互打架”仅 3 例。

[28]这一切，如果没有中央的权威，就办不到。各顾各，相互打架，相互拆台，统一不起来。

[29]致使同一内容的政策相互矛盾，导致下级部门各执一端，相互打架，企业无所适从，难以实施。

[30]但我毕竟抵达了那两只白熊的所在地，也立刻见到它们并不在相互打架，而是彼此嬉耍。

[28]—[30]中，仅有 1 例是表达“打架”的本义的，而且这一例是德语的翻译作品，可能受到了德语原文的影响，才出现这种表达。另外的都表示“相悖、矛盾”义。语料库中没有发现“彼此打架”的用例。

吵架

在北大语料库中，我们也没有发现“彼此吵架”“互相吵架”的用例，只找到了 2 例“相互吵架”。

[31]因为我觉得我们早已过了手里捏着大把的时间，可以相互吵架、争执、别扭，一直磨合到相互适应的年龄。

[32]学校里一般的不公开歧视家庭出身不好的学生，除非是孩子们相互吵架，骂人。

这两个例句有一个共同的特点就是“相互”除了修饰“打架”还同时修饰

其他词语，如前一句的“争执”“别扭”，后一句的“骂人”。这也许是“相互”和“打架”在以上两个语境中能共现的原因。

见面

在北大语料库中，“见面”8487 例，“互相见面”7 例，“相互见面”5 例。“互相见面”和“相互见面”都仅有 1 例，主语是表示两个人的。

握手

在北大语料库中，“握手”3519 例，“互相握手”有效用例 25 例，其中 9 例是翻译作品，另外的 16 例中，有 1 例表示手牵着手的意思，在剩下的 15 例中只有 3 例主语是表示两个人的。“相互握手”12 例，2 例为翻译作品，另外 10 例动作参与者的数量都多于两个。

没有发现“下棋”“打球”“分手”和“相互”“互相”同现的用例。

根据以上分析，我们可以发现如果相互动词出现在动作参与者数量为二的表达强相互义的事件中，一般都排斥“相互”“互相”“彼此”等相互性修饰成分。而且大多数相互动词即使出现在动作参与者数量大于二的结构中，可接受度也不是很高。“握手”和“相互”“互相”搭配的用例比较多，可能是因为“握手”不仅仅表示社交礼节，还有一种意思是“握着对方的手”，如：

[33]初恋的男女，能够在夜间或者黄昏，互相握手，散步于没有人迹的郊野，即使王子和公主的幸福，也比不上的！(《中国散文鉴赏文库》)

“握手”甚至可以表达单向义，如：

[34]首长握着姑父的手说：“好房东，谢谢你。”(网络)

所以表示社交礼节的“握手”动作肯定是双向的，但由于受到“握着对方的手”这种原初意义的影响，使其和“相互”“互相”搭配的允准度提高。

汪兰(2004:42)认为如果相互义不具有可分解性，就不可以受“相互”和“互相”的修饰，如“结婚”。我们认为可分解性可以作为一个原因，但还需要把动作参与者的数量考虑在内。如我们在隐性相互词汇的语义漂移部分考查过的“分手”，便可知它在古汉语里有表示“离别”的意思，动作参与者的数量可以为二也可以大于二。在现代汉语中基本上表示男女朋友结束恋情的意思，在少数情况下作“离别”义。“分手”不可以和“相互”“互相”搭配，在少数情况下可以和“彼此”搭配，但和“彼此”搭配时，表示“离别”义。在北大语料库中，我们仅找到了 2 例“彼此分手”的有效用例。

[35]“七七事变”前夕，我去广州，彼此分手。

[36]往后又谈到当前的政治形势，彼此分手后的痛苦经历，从前的战友的踪迹、下落等等。

“离别”的主体可以两个，也可以多个，也许这是“分手”可以和“彼此”搭配的原因。而“结婚”和表示男女朋友结束恋情的“分手”动作参与者只能为二，而且内部不存在次事件，所以会排斥任何其他表相互义的成分。

第三节 本章小结

本章主要讨论了各种相互义表义方式的同现与互斥情况。根据语言经济原则，表达相互义只需一种表义方式就足够，但是出于语体的考虑、表义清晰性的需要和韵律和谐的制约，通常会出现两种表义方式甚至多种表义方式同现的情况。这不是汉语所特有的，很多语言都有类似的情况。

但是语言经济性还是居于语言系统的主导地位，所以只用一种表义方式的情况居多，而且部分词汇在一般情况下不能与其他相互义表义成分同现，如“结婚”。这也是语言的共性。词汇会和其他相互义表义成分发生互斥，不仅受词汇所表达的相互事件类型的影响，还受到动作参与者数量的影响。

第七章　结　论

相互义是表达事物间的相互关系的一个语义范畴，由于与其他很多语法和语义范畴相比，其范畴边界模糊，出现的频率相对较低，有关它的系统研究一直未引起国内语言学界的足够重视。对于相互义的表义形式，虽然汉语研究者早已提及，但多为个别举例，而且往往是在研究其他问题时顺带提及的相互现象。

本研究在以往研究的基础上，采用共时和历时相结合、定性和定量相结合的研究方法，以汉语为主要研究对象的同时，兼顾与其他语言相比较的方法，对不同类型的相互义表义形式做了尽可能全面和详尽的分析。

本研究运用视点理论和认知语法中的相关概念和理论，对各种相互义表义结构在语法、语义、语用层面的表现形式作为一个整体进行系统考察。以往对汉语相互义的研究主要基于词汇层面，对句式层面的表现形式关注较少。但是只有从词汇和句式两个方面同时进行考察，才能更为深入地了解汉语中相互义表达的本质特征。故而，本研究对相关语言事实做了较为细致的描写和解释，使汉语的相互义表义结构研究在原有的基础上更深入了一步。

第一节 研究总结

本研究讨论的主要内容包括三个部分。

第一部分，也就是第二章，系统考察了当前国内外语言学界对相互结构的认识和分析。较早研究相互义表达形式的是生成语义学派，该学派虽然考察了相互义表达中的一些重要问题，如“each other”的移位问题、相互义的分类问题，但主要把研究的范围局限在英语中；而且“each other”只是多种相互义表义结构中的一种，所以说仅通过“each other”来研究相互义，存在一定的局限。语言类型学的研究，大大地弥补了这一不足。对于汉语相互义的研究，虽然没有形成一个系统，但也已经取得了很多可喜的成果，特别是在配价方面，已经有了较为充分的研究。

已有文献由于研究问题的侧重点有所不同，对何为相互义没有形成统一的认识。有些研究没有区分共同义和相互义。本研究认为，相互范畴和共同范畴既有联系又有区别，存在交叉关系。相互义根据动作参与者关系的不同，有强相互义和弱相互义的区别，弱相互义内部又有多种次类型。强相互义是相互义范畴中的典型成员。由相互结构表达的相互事件有单数事件和复数事件的区分。单数事件一般由隐性相互词汇进行编码，复数事件一般由显性相互词汇和句式相互结构进行编码。在现有研究的基础上，本部分界定了几个重要的概念，“相互关系”“相互义”和“相互结构”；区分了几个容易与“相互”混淆的概念，即“共同”与“对称”。我们认为共同范畴包含相互范畴，因为任何相互事件都是在同一事件中实现的；而且从典型的相互到典型的共同存在一个模糊地带，也就是说有些词既有共同的特征又有相互的特征。处在模糊地带的词和典型相互动词相比既有相同的地方，又有其特别的地方。有些文献用“相互”表示“结构”，用“对称”表示内部事件动作参与者的相互作用。本书统一用“相互”表示结构和动作参与者间的相互作用，本文用“对称”来表示论元在语用上的平等地位。

第二部分,第三章到第五章,主要考察了汉语中隐性相互词汇结构、显性相互词汇结构和句式相互结构的表现形式。

第三章隐性相互词汇结构部分,考察了由相互名词、相互动词和相互形容词实现的三种相互义编码结构。相互名词、相互动词和相互形容词的相互义是从它们的核心语义特征里面提取出来的,对于这些词来说相互义隐藏在其全部语义特征中。相互名词可以分为两类:社会关系名词和空间关系名词。部分社会关系名词,只能出现在论元有主从区别的结构中,如"爱人",两个论元的关系受到"图形一背景"效应的制约,也就是说一方必须以另一方为参照。空间关系相互名词结构也一样,只有当论元在几何特征上较为接近时才能处于平等地位,在其他情况中,论元的地位会有主从的区分,所以说同样受到"图形一背景"效应的制约。相互动词结构根据论元语用对称等级的不同,表现出四种结构类型,即简单相互结构、非连续相互结构、主宾相互结构、隐性论元结构。在这四种结构中,论元的对称等级依次由高到低。出现论元对称等级偏离的主要原因是受到语用、语篇和认知因素的制约。某些相互动词结构,具有相互关系的两个论元可以出现在宾语位置,而且处在宾语的位置的论元可以通过去致使化提升至主语位置。相互形容词可以分为"对比"类关系相互形容词和"亲疏"类关系形容词。"对比"类关系形容词,如"一样""相反"等;"亲疏"类关系形容词,如"密切""要好"等。

在由"对比"类关系形容词实现的相互结构中,在认知上较为突显的论元,往往作为参照论元而居后。在由"亲疏"类关系形容词实现的相互结构中,居后论元作为伴随论元存在,处于从属地位。

第四章显性相互词汇结构部分,主要讨论了相互代词和相互副词。我们把相互代词和相互副词统称为显性相互词汇,因为相互义构成了这两类词的几乎全部或全部语义,也就是说起这两类词的相互义是外显的,无须经过语义提取。汉语中用于实现相互义的显性相互词汇主要有相互代词"彼此"和相互副词"相""互""相互""互相"。本章从历时和共时层面探讨了了显性相互词汇的句法、语义表现。

“相”“互”在古汉语中以副词性成分出现，在现代汉语中大多数情况下作为构词成分而存在。由于本研究同时涉及历时层面和共时层面的考察，所以出于对比的需要，在本章讨论“相”和“互”。历时方面主要考察了“彼此”“相互”“互相”的词汇化动因；“彼此”“相互”“互相”相互的语义沾染对各自用法产生的影响；“相”“互”与其后常用词凝结成词的理据；各个词在古汉语中的句法、语义表现。共时方面主要考察了相互代词、相互副词在现代汉语中的句法、语义表现；“相”“互”与否定范畴的互动关系；“相互”“互相”“相”“互”的词语搭配及入句的韵律制约。本研究还通过定性和定量相结合，比较了“相互”和“互相”在不同时期、不同语体及不同作家的文学作品中的使用情况。总的来说，“互相”比“相互”出现的频率高；在现代新闻语体中，“相互”比“互相”出现的频率高，而在近代新闻语体中，“互相”比“相互”出现的频率高；文学语体，“互相”比“相互”出现的频率高，这在各个时期基本一致。

第五章，句式相互结构部分，主要讨论了由句式或者说是由类构式实现相互义的结构，即并列复句结构、“你看看我，我看看你”“谁也不理谁”“推来推去”“都……对方”结构、“N(非相互)VN”。并列复句结构的相互义通过至少两个单句来实现，这两个单句中的论元互为逆反关系。这种结构和现实事件具有高度的象似性，也是表达相互事件的最不经济的一种表义方式，所以这种结构在即时情境中出现的频率较高。表达相互义的类构式成分也是本章考察的对象。

“你看看我，我看看你”“谁也不理谁”可以看成是并列复句结构的一种变体，但这些结构一般以句法成分的形式出现，而不能单独成句；而且其中的代词性成分具有任指性的特征。

“W 来 W 去”结构由空间义发展出重复义和相互义，其相互义用法是在现代汉语中后起的。可以进入“W 来 W 去”结构表达相互义的一般是名词、动词。名词进入这个结构表现的是动词的特征。数词和代词也可以进入这个结构表示相互义，但其中的“去”一般要用“往”来替代。“W 来 W 去”发展出相互义，和“来”“去”表方向相反的趋向义直接相关，语境吸收也发挥着很大的作用。

“都……对方”结构表相互义，通过既为分配算子又为加合算子的“都”和“对方”共同作用而实现。这种结构有时候会出现歧解，“都……对方”在什么情况下会出现歧解和其出现的句法环境和进入这个结构的动词类型有关。

在“N（非相互）VN”结构中，如“手牵手”“面对面”，居于动词前后的两个同形名词可以实现关系的逆反，由此实现整个结构的相互义。名词性成分可以表示类指，也可以表示实指。但是不论哪种类型，其中的名词都或多或少地具有去范畴化的特征。

第三部分，也就是第六章，主要探讨了各种相互义表义成分的同现和互斥情况。根据语言的经济原则，用一种相互义表义方式就足以表达相互义，所以没有必要再添加其他相同或者相近的表义方式。但是出于语体的考虑、韵律和谐的制约和表义的清晰性的需要，相互义表达时通常是两种表义方式同现，这不是汉语所特有的，很多语言中都有类似的现象。但是语言的经济性还是居于整个语言系统的主导地位，所以只用一种表义方式的情况居多，而且部分词汇相互义表达的自足性很强，严格要求不能与其他相互义表义成分同现，如“结婚”。

本研究的创新点主要包括：

(1)以汉语为基础，与其他语言进行对比和比较，对汉语相互义的表义方式进行了系统研究；

(2)结合句法、语义、语用对隐性相互词汇结构的不同类型进行系统考察，突破了以往以相互动词的配价为主的研究框架；

(3)对显性相互词汇进行了共时和历时的考察；

(4)对当前汉语研究较少涉及的句式相互结构的各种类型进行了系统考察；

(5)考察了不同相互义表义成分同现和互斥的情况，分析了出现这种情况的背后动因。

第二节 研究展望

对于同一相互事件,不同的人可能会用不同的方式来表达,因为对相互和非相互的界定本来就存在着很多主观性。在不同的语言中,对相互的理解也有所不同,到现在为止学界还没有给出一个清晰的界定。由于相互范畴边界的模糊性,为其做一个清晰的界定其实不是一件很容易的事情。虽然很多学者都认为用直觉来判断语言的合语法性和可接受性对语言研究来说是不可靠的(Schütze,1996;Tremblay,2005;Dabrowska,2010),但是语言作为认知的一种外显形式,我们还是得或多或少地借助于直觉判断,特别是对相互义这种边界模糊的范畴来说。相互义内部各成员的地位是不平等的,其内部成员有典型和边缘的区别。就像 Labov(1978)所描写的杯子和碗,在某个量级内,杯子和碗的界限是清晰的。但是从杯子到碗的临界点在哪里,不同的个体会有不同的判断。出于同样的原因,对于同一事件,可能在有些语言中会用相互结构进行编码,而有些却不会用相互结构进行编码。

Labov(1978)指出如果直接问一个物体是不是杯子,有人会用现成的定义来对照是不是杯子,但如果让他们给看到的物体命名,他们会对"杯子"给出一个更为系统的潜在的定义。所以说,在现实情境中理解何为相互义,而不是先界定何为相互义再做研究,也许更能从动态层面反映出相互义的建构模式。现有研究已经显示,在蒙里达语和玛每里语中,相互结构的使用范围比其他很多语言都狭窄得多。在蒙里达语中,表达相互义的中缀只能用于编码最简相互事件、辐射相互性事件和有序相互性事件(Evans & Osada,2011)。而在玛每里语中,相互结构只能用于表达强相互义(Kruspe,2011)。如果能从跨语言角度进行比较,更可以揭示出说不同语言的族群对相互义在认知层面建构的异同。

在汉语中,许多可以用相互结构编码的事件,在日常口语中可能是不用相互结构进行编码的。比如,即时情境可能会用"张三打了李四一拳,李四踢了张三一脚”而不是用“张三打了李四,李四打了张三”或者“张三和李四打架”来编码。相互义的表达本来就是概念化的结果。如果能系统地考察相互结构在口语,特别是在即时情境中的使用情况,可能会发现很多与书面语表达不同的有趣的现象。本研究只涉及了日常生活中采集到的很有限的几个用例,所以这方面的进一步研究还有待加强。词汇相互结构在书面语中出现的频率比较高,句式相互结构在口语中出现的频率比较高。而口语的表达相对自由,采用的相互义的表现形式也较多,如果能对各种不同的相互结构在口语表达中的分布情况做一个系统的研究,对语体研究也会有一定的意义。

相互义可以说只是占据了整个语义范畴的极小的一部分,但其系统内部却相当复杂,对其界定也相当困难。本研究是建立在大多数语言共有的相互义表义系统基础上的,旨在考察汉语相互义各种表义结构在句法、语义、语用各个层面的表现形式。虽然说是一个系统研究,但还有很多细节值得深入。所以说本研究也只是汉语相互义复杂的表义系统研究的一个起点。

参考文献

[1] 北京大学中文系 1955、1957 级语言班. 现代汉语虚词例释[M]. 北京:商务印书馆,1982.

[2] 陈前瑞. 汉语反复体的考察[M]//中国语文杂志社. 语法研究和探索(十一). 北京:商务印书馆,2002:18-24.

[3] 董秀芳. 音步模式语言句法结构的关系[M]//北京大学汉语语言学研究中心,《语言学论丛》编委会. 语言学论丛:第 27 辑. 北京:商务印书馆,2003:353-368.

[4] 董秀芳. 词汇化:汉语双音词的衍生和发展[M]. 修订本. 北京:商务印书馆,2011.

[5] 方一新. 中古近代汉语词汇学[M]. 北京:商务印书馆,2010.

[6] 冯胜利. 论汉语的"自然音步"[J]. 中国语文,1998(1):40-74.

[7] 胡增益. 语言结构中的对称[J]. 民族语文,1996(5):64-70.

[8] 蒋泛根. 互、互相、相互[J]. 语文学习,1982(10):50.

[9] 李临定. 动词研究分类说略[J]. 中国语文,1990 (4):15-30.

[10] 李玲玲.《史记》交互动词配价研究[D]. 乌鲁木齐:新疆大学,2010.

[11] 李新良. 协同动词带宾语及其语义后果[J]. 语言教学与研究,2013(2):50-58.

[12] 刘丹青.形名同现及形容词的向[J].南京师范大学学报(社会科学版),1987 (3):56 - 62.

[13] 刘丹青.汉语相互性实词的配价及其教学[M]//沈阳.配价理论与汉语语法研究.北京:语文出版社,2000:209 - 240.

[14] 刘丹青.语法调查研究手册[M].上海:上海教育出版社,2008.

[15] 刘探宙.汉语的相互代词及其指称特点[M]//中国语文杂志社.语法研究和探索 12.北京:商务印书馆,2003:118 - 140.

[16] 刘阳.现代汉语相互义的表达形式[D].长春:吉林大学,2013.

[17] 吕叔湘.汉语语法论文集:增订本[M].北京:商务印书馆,1984.

[18] 吕叔湘.中国文法要略[M]//吕叔湘.吕叔湘文集:第一卷.北京:商务印书馆,1990.

[19] 吕叔湘.汉语语法分析问题[C]//吕叔湘.汉语语法论文集.北京:商务印书馆,1999:481 - 571.

[20] 吕叔湘.现代汉语八百词[M].增订本.北京:商务印书馆,1999.

[21] 潘先军.现代汉语羡余现象研究[M].北京:北京语言大学出版社,2012.

[22] 沈家煊."语法化"研究综述[J].外语教学与研究,1994(4):17 -24.

[23] 沈家煊.英汉对比语法三题[J].外语教学与研究,1996(4):8 -13.

[24] 沈家煊.不对称和标记论[M].南昌:江西教育出版社,1999.

[25] 石毓智.语法化理论——基于汉语发展的历史[M].上海:上海外语教育出版社,2011.

[26] 谭景春.双向和多指形容词及相关的句法关系[J].中国语文,1992(2):93 - 101.

[27] 唐贤清.副词"互相""相互"的演变及其原因分析[J].古汉语研究,2006(4):6 - 15.

[28] 陶红印.相互动词及相互动词句[M]//中国社会科学院语言研究所现代汉语教研室.句型和动词.北京:语文出版社,1987:344 - 382.

[29] 汪兰."互相"的语义指向和语义特征[J].广州大学学报(社会科学

版),2004(3):40-42.

[30] 王力.汉语史稿[M].北京:商务印书馆,2004.

[31] 王晓辉."彼此"的多角度分析[D].南昌:南昌大学,2010.

[32] 王颖.现代汉语交互动词研究[D].上海:上海师范大学,2008.

[33] 文旭.词序的拟象性探索[J].外语学刊,2001(3):90-96.

[34] 吴为章.单向动词及其句型[J].中国语文,1982 (5):328-336.

[35] 徐峰."交互动词配价研究"补义[J].语言研究,1998(2):48-52.

[36] 杨德峰.再议"V来V去"及与之相关的格式——基于语料库的研究[J].世界汉语教学,2012(2):198-208.

[37] 杨明义.现代汉语状之于动的羡余现象探略[J].南开大学学报(哲学社会科学版),1999(4):89-89.

[38] 袁毓林.准双向动词研究[J].语言研究,1989(1):12-25.

[39] 袁毓林.汉语的配价研究[M].南昌:江西教育出版社,1998.

[40] 袁毓林."都"的加合性语义功能及其分配性效应[J].当代语言学,2005(4):289-304.

[41] 袁毓林.汉语配价语法研究[M].北京:商务印书馆,2010.

[42] 曾传禄.也谈"V来V去"格式及其语法化[J].语言教学与研究,2008(6):22-29.

[43] 张斌,胡裕树.汉语语法研究[M].北京:商务印书馆,1989.

[44] 张伯江.从施受关系到句式语义[M].北京:商务印书馆,2009.

[45] 张庆文,刘鸿勇,邓思颖.汉语动词复数的语义特征及表现形式[J].现代外语,2013(3):246-253.

[46] 张谊生.交互动词的配价研究[J].语言研究,1997 (1):15-30.

[47] 赵静.试论"互相"类副词的功能、分布及其语义指向[J].徐州师范大学学报,1999(1):63-65.

[48] 周国光.关系集合名词及其判断句[J].语言教学与研究,1990(2):41-47.

[49] 周荐.论对称结构[J].语文研究,1991(8):24-31.

[50] 朱德熙. 语法答问[M]. 北京:商务印书馆,1985.

[51] 朱德熙. 朱德熙文集[M]. 北京:商务印书馆,1999.

[52] Annamalaie. Lexical anaphors and pronouns in Tamil [C]// Lexical Anaphors and Pronouns in Selected South Asian Languages. Berlin: Mouton de Gruyter, 2000.

[53] Björn, W. & V. P. Nedjalkov. Reciprocal and reflexive constructions in German[C]// Nedjalkov, V. P. (ed.). Reciprocal Constructions. Amsterdam: John Benjamins, 2007.

[54] Brown, G. &G. Yule. Discourse Analysis [M]. Cambridge: Cambridge University Press, 1983.

[55] Bybee, J., R. Perkins& W. Pagliuca. The Evolution of Grammar—tense, aspect, and modality in the language of the world[M]. Chicago: The University of Chicago Press, 1994.

[56] Chomsky, N. Syntactic Structures[M]. The Hague: Mouton, 1957.

[57] Chomsky, N. Lectures on Government and Binding[M]. Dordrecht: Foris, 1981.

[58] Chomsky, N. Knowledge of Language[M]. New York: Praeger, 1986.

[59] Collins, B. Tonga Grammar[M]. London: Longmans, 1962.

[60] Cooper, W. E. & J. R. A. Ross. Word order[C]// R. Grossman (eds.). Papers from the parasession on functionalism. Chicago: Chicago Linguistic Society, 1975.

[61] Corris, M. A Grammar of Barupu: A Language of Papua New Guinea [D]. Sydney: University of Sydney, 2006.

[62] Croft, W. Typology and Universals[M]. Cambridge: Cambridge University, 1990.

[63] Dabrowska, E. Naive expert intuitions: An empirical study of acceptability judgments[J]. The Linguistic Review, 2010, 27(1): 1-23.

[64] Dalrymple, M., K. Makoto, K. Yookyung, M. Sam & P.

Stanley. Reciprocal expressions and the concept of reciprocity[J]. Linguistics and Philosophy,1998,21 (1): 159-210.

[65] Dasgupta, P. Some non-nominative subjects in Bangla [C]// Bhaskararao, P. & K. V. Subbarao (eds.). Non-nominatives subjects. Amsterdam: John Benjamins, 2004.

[66] Dickinson,C. Reciprocal constructions in Tsafiki [C]// Evans, N., A. Gaby, S. C. Levinson & A. Majid (eds.). Reciprocals and Semantic Typology. John Benjamins Publishing, 2011.

[67] Dimitriadis, A. Irreducible symmetry in reciprocal constructions [C]// König, E. & V. Gast (eds.). Reciprocals and Reflexives: Theoretical and Typological Expressions. Berlin: Mouton de Gruyter, 2008.

[68] Dixon, R. A Grammar of Yidiny [M]. Cambridge: Cambridge University Press, 1977.

[69] Dougherty,R. C. The syntax and semantics of each other constructions [J]. Foundations of Language , 1974,12 (2): 1 - 47.

[70] Dowty, D. Thematic Proto-roles and argument selection [J]. Language, 1991,67 (3): 547 - 619.

[71] Evans,N. A Grammar of Kayardild[M]. Berlin: Mouton de Gruyter, 1995.

[72] Evans, N. An interesting couple: The semantic development of dyad morphemes[A]. Arbeitspapier 47, Institut für Sprachwissenschaft, Universität zu Köln, 2003.

[73] Evans, N. Reciprocal constructions: Towards a structural typology [C]// König, E. & V. Gast(eds.). Reciprocals and Reflexives: cross-linguistic and theoretical and expressions. Berlin: Mouton de Gruyter, 2008.

[74] Evans, N., A. Gaby, S. C. Levinson & A. Majid (eds.). Reciprocals and Semantic Typology[C]. JohnBenjamins Publishing, 2011.

[75] Evans, N & Osada, T. Mundari reciprocals[C]//In: Evans, N.,

A. Gaby, S. C. Levinson & A. Majid (eds.). Reciprocals and Semantic Typology. John Benjamins Publishing, 2011.

[76] Everaert, M. Domain restrictions on reciprocal interpretation [C]// Evans, N., A. Gaby, S. C. Levinson & A. Majid (eds.). Reciprocals and Semantic Typology. John Benjamins Publishing, 2011.

[77] Faltz, L. Reflexivization. A Study in Universal Syntax[M]. New York: Garland, 1985.

[78] Fiengo, R. & H. Lasnik. The logical structure of reciprocal sentence in English[J]. Foundations of Language, 1973, 9 (1): 447 - 468.

[79] Fowler, R. Linguistic Criticism[M]. Oxford: Oxford University Press, 1986.

[80] Green, I. Marrithiyel: A Language of the Daly River Region of Australia's Northern Territory [M]. Canberra: Australian National University, 1989.

[81] Grice, H. P. Studies in the ways of words[M]. Cambridge: Harvard University Press, 1989.

[82] Haas, F. The development of English each other—grammaticalization, lexicalization, or both? [J]. English Language and Linguistics, 2007, 11 (1): 31 - 50.

[83] Haas, F. Reciprocity in English: historical development and synchronic structure[M]. London: Routledge, 2010.

[84] Haiman, J. Iconic and Economic[J]. Language, 2010, 59 (4): 781 - 819.

[85] Harder, P. Functional Semantics: A Theory of Meaning, Structure and Tense in English[M]. Berlin: Mouton de Gruyter, 1996.

[86] Haspelmath, M. Explaining the Ditransitive person-role constraint: A usage-based approach[C]//Paper presented at the International Conference on Cognitive Linguistics. UC Santa Barbara, 2001.

[87] Haspelmath, M. Further remarks on reciprocal constructions[C]// Nedjalkov, V. P. (ed.). Reciprocal Constructions . Amsterdam: John Benjamins, 2007.

[88] Hausman, C. R. Metaphor and Art[M]. Cambridge: Cambridge University press, 1989.

[89] Heim. I., H. Lasnick & R. May. Reciprocity and plurality[J]. Linguistic Inquiry , 1991,22 (1): 63-101.

[90] Higginbotham, J. Reciprocal interpretation[J]. Journal of Linguistic Research,1980,1 (3): 97-117.

[91] Hopper, P. J. & S. A. Thompson. The discourse basis for lexical categories in universal grammar[J]. Language,1984,60 (1): 703-752.

[92] Hualde, J. & J. Ortiz de Urbina. A Grammar of Basque[M]. Berlin: Mouton de Gruyter, 2003.

[93] Jackendoff, R. Construction after construction and its theoretical challenges[J]. Language,2008,84 (1): 8-28.

[94] Jakobson, R. Quest for the essence of language[C]// Jakobson, R. On language . Cambridge, London: Harvard University Press, 1990.

[95] Jespersen, O. The Philosophy of Grammar[M]. London, New York: Allen & Unwin, 1924.

[96] Jespersen, O. A modern English grammar on historical principles (Vol. vii)[M]. London: George Allen and Unwin, 1949.

[97] Kemmer, S. The Middle Voice[M]. Amsterdam/Philadelphia: John Benjamins, 1993.

[98] Komlósy, A. Complements and adjuncts[C]// Kiefer, F. & K. É. Kiss (eds.). The Syntactic Structure of Hungarian . San Diego: Academic Press, 1994.

[99] König, E. & V. Gast (eds.). Reciprocals and Reflexives: Theoretical and Typological Expressions[C]. Berlin: Mouton de Gruyter, 2008.

[100] König, E. & S. Kokutani. Towards a typology of reciprocal constructions: Focus on German and Japanese[J]. Linguistics , 2006, 44 (2): 271-302.

[101] Kruspe, N. Reciprocal constructions in Mah Meri[C]// Evans, N. , A. Gaby, S. C. Levinson & A. Majid (eds.). Reciprocals and Semantic Typology . John Benjamins Publishing, 2011.

[102] Labov, W. Denotational structure[C]// Donka, F. , W. M. Jacobsen & K. W. Todrys (eds.). Papers from the Parasession on the Lexicon . Chicago IL: Chicago Linguistics Society, 1978.

[103] Lakoff, G. & M. Johnson. Metaphors We Live by[M]. Chicago: Chicago University Press, 1980.

[104] Lakoff, G. Woman, Fire, and Dangerous Things: What Categories Reveal about the Mind[M]. Chicago: University of Chicago Press, 1987.

[105] Lakoff, G. & M. Turner. More than cool reason: A field guide to poetic metaphor[M]. Chicago: University of Chicago Press, 1989.

[106] Lambrecht, K. Information structure and sentence form[M]. Cambridge: Cambridge University Press, 1994.

[107] Langacker, R. Foundation of cognitive grammar[M]. Stanford: Stanford University Press, 1987.

[108] Langendoen, D. T. The logic of reciprocity[J]. Linguistic Inquiry , 1978, 9 (2): 177 - 197.

[109] Langendoen, D. T. & J. Magloire. The logic of reflexivity and reciprocity[C]// Andrew B. (ed.). Anaphora: A Reference Guide . Oxford: Blackwells, 2003.

[110] Levin, B. & M. R. Hovav. Unaccusativity: At the Syntax-lexical Semantics Interface[M]. Cambridge/Massachusetts: MIT Press, 1995.

[111] Levinson, C. S. Reciprocals in Yélî Dnye, the Papuan language of Rossel Island[C]. // Evans, N. , A. Gaby, S. C. Levinson & A. Majid

(eds.). Reciprocals and Semantic Typology . John Benjamins Publishing, 2011.

[112] Lichtenberk, F. Multiple uses of reciprocal constructions[J]. Australian Journal of Linguistics , 1985,5 (1): 19 - 41.

[113] Lichtenberk, F. Reflexives and Reciprocals[C]// Asher, R. E. (ed). The Encyclopedia of Language and Linguistics . Oxford: Pergamon Press, 1994.

[114] Marchese, L. The Pronominal System of Godié[C]// Ursula, W. (ed). Pronominal Systems Tübingen: Gunter Narr, 1986.

[115] Maslova, E. & V. Nedjalkov. Reciprocal constructions[C]// Haspelmath, M. , M. S. Dryer, D. Gil, B. Comrie (eds.). The World Atlas of Language Structures . Oxford: Oxford University Press, 2005.

[116] Maslova, E. Reflexive encoding of reciprocity: Cross-linguistic and language-internal variation [C]// König, E. & V. Gast (eds.). Reciprocals and Reflexives: cross-linguistic and theoretical and expressions. Berlin: Mouton de Gruyter, 2008.

[117] Matthews, S. & V, Yip. Cantonese: A Comprehensive Grammar [M]. London/New York: Routledge, 1994.

[118] Mosel, U. & E. Hovdhaugen. Samoan Reference Grammar[M]. Oslo: Scandinavian University Press, 1992.

[119] Moyse-Faurie, C. Constructions expressing middle, reflexive and reciprocal situations in some Oceanic languages[C]// König, E. & V. Gast (eds.). Reciprocals and Reflexives: cross-linguistic and theoretical and expressions . Berlin: Mouton de Gruyter, 2008.

[120] Nedjalkov V. I. & V. P. Nedjalkov. Reciprocals, sociatives, comitatives, and assistives in Yakut [C]// Nedjalkov, V. P. (ed.). Reciprocal Constructions . Amsterdam: John Benjamins, 2007.

[121] Nedjalkov, V. P. (ed.). Reciprocal Constructions[C]. Amsterdam: John Benjamins, 2007.

[122] Nishigauchi, T. Syntax of reciprocals in Japanese[J]. Journal of East Asian Linguistics , 1992,1 (2): 157-196.

[123] Philip. W. Adult and child understanding of simple reciprocal sentences[J]. Language , 2000,76(1): 1-27.

[124] Plank, F. Thoughts on the origin, progress, and pronominal status of reciprocal forms in Germanic, occasioned by those of Bavarian [C]// König, E. & V. Gast (eds.). Reciprocals and Reflexives: cross-linguistic and theoretical and expressions . Berlin: Mouton de Gruyter, 2008.

[125] Rákosi, G. Comitative arguments in Hungarian[C]// Heeren, W. , D. Papangeli & E. Vlachou (eds.). Uil-OTS Yearbook . Utrecht Institute of Linguistics, 2003.

[126] Rákosi, G. The argument structure of inherently reflexive and reciprocal predicates[C]// König, E. & V. Gast (eds.). Reciprocals and Reflexives: Theoretical and Typological Expressions . Berlin: Mouton de Gruyter, 2008.

[127] Rapold, J. C. Semantics of Khoekhoe reciprocal constructions [C]// Evans, N. , A. Gaby, S. C. Levinson & A. Majid (eds.). Reciprocals and Semantic Typology . John Benjamins Publishing, 2011.

[128] Roberts, J. R. Amele[M]. London: Croom Helm, 1987.

[129] Rosch, E. Cognitive representations of semantic categories[J]. Journal of Experimental Psychology , 1975,104 (3): 192 - 233.

[130] Schütze, C. T. The Empirical Base of Linguistics: Grammaticality Judgments and Linguistics Methodology[M]. Chicago IL: The University of Chicago Press, 1996.

[131] SenftG. To have and have not: Kilivila reciprocals[C]// Evans, N. , A. Gaby, S. C. Levinson, A. Majid(eds.). Reciprocals and Semantic Typology . John Benjamins Publishing, 2011.

[132] Siloni, T. Active Lexicon[J]. Theoretical Linguistics , 2002,28

(2): 383 - 400.

[133] Siloni, T. The Syntax of reciprocal verbs: An overview[C]// König, E. & V. Gast (eds.). Reciprocals and Reflexives: Theoretical and Typological Expressions . Berlin: Mouton de Gruyter, 2008.

[134] Siloni, T. Reciprocal verbs and symmetry[J]. Natural Language & Linguist Theory , 2012,30 (1): 261 - 230.

[135] Talmy, L. How language structures space[C]// Pick, H. & L. Acredolo (eds.). Spatial orientation: Theory, research and applications. New York/London: Plenun Press, 1983.

[136] Talmy,L. The Relation of Grammar to Cognition[C]// Rudzka-Ostyn, B. (ed.). Topics in Cognitive Linguistics . Amsterdam: Benjamins, 1988.

[137] Taylor, J. Linguistic Categorization[M]. Oxford: Oxford University Press, 1989.

[138] Tremblay, A. Theoretical and methodological perspectives on the use of grammaticality judgment tasks in linguistic theory[J]. Second Language Studies , 2005,24 (2): 129 - 167.

[139] Ungerer,F. & H. J. Schmid. An Introduction to Cognitive Linguistics (2nd edition)[M]. Harlow: Pearson Education Limited, 2006.

[140] van Dijk. Text and Context[M]. London: Longman, 1977.

[141] van Dijk. Studies in the Pragmatics of Discourse[M]. The Hague: Mouton Publishers, 1981.

[142] van Dijk & W. Kintsch. Strategies of Discourse Comprehension [M]. Orlando, Florida: Academic Press Inc, 1983.

[143] Watahomigie,L. J. , J. Bender, Sr. P. Watahomigie & A. Y. Yamamoto. Hualapai Reference Grammar[M]. Kyoto: Nakanishi Printing Company, 2001.

[144] Wegenger, C. Reciprocals in Savo-Savo[C]//Paper presented at

Reciprocals Meeting . Nijmegen, 2005.

[145] Wenger, C. Expression of reciprocity[C]// Evans, N. , A. Gaby, S. C. Levinson & A. Majid (eds.). Reciprocals and Semantic Typology . John Benjamins Publishing, 2011.

[146] Williams, E. Reciprocal scope[J]. Linguistic Inquiry , 1991, 22 (1): 159 - 173.

[147] Zeitoun, E. Reciprocals in Formosan languages [C]//Paper presented at the ICAL 9 . Canberra, 2002.

[148] Zipf. G. K. Human Behavior and the Princilpe of Least Effort: An Introduction to Human Ecology[M]. Oxford/England: Addison-Wesley, 1949.

后　记

本书是在我的博士论文《汉语相互结构研究》的基础上完成的。

感谢恩师池昌海老师的悉心指导。池老师是我博士时期的导师，他博古通今，对现代汉语和古代汉语都有深入的研究。老师广阔的研究视角，给了我结合古今汉语进行中外语言对比研究的启示和勇气。

感谢恩师廖备水老师的悉心指导。廖老师是我博士后时期的合作导师，他有着开阔的学术视野、高深的学术造诣，对学术的热情与执着更是让我深感佩服。老师虽然学术事物繁忙，但总会抽出宝贵时间和我们分享经验、交流学术观点。

两位恩师一直都是我学习的榜样，他们非常宽容善良，对我取得的任何进步都会为我感到高兴，给予我鼓励。他们的支持和鼓励给了我在学术道路上坚持前行的动力和勇气。

能进入浙江大学求学，能在生命中遇到两位恩师，是上天对我的眷顾。

感谢浙江大学语言与认知研究中心、浙江大学汉语史研究中心为我提供了良好的学术研究平台。感谢彭利贞老师、汪维辉老师的小组讨论为我提供了丰富的学术营养。感谢许许多多的师友在学习和生活上给予我的无私帮助。

本书的出版得到了浙江大学董氏文史哲研究奖励基金项目资助，对此，我表示衷心的感谢。

感谢丽水学院为我提供了宽松的教学和科研环境，感谢丽水学院对本书出版的支持。

周晓君

2017 年 5 月于丽水学院若琼楼

图书在版编目（CIP）数据

汉语相互结构研究 / 周晓君著. —杭州：浙江大学出版社，2018.6(2019.12 重印)

ISBN 978-7-308-18059-7

Ⅰ.①汉… Ⅱ.①周… Ⅲ.①汉语—语言结构—研究 Ⅳ.①H1

中国版本图书馆 CIP 数据核字（2018）第 055150 号

汉语相互结构研究

周晓君　著

责任编辑　杨利军
文字编辑　马一萍
责任校对　虞雪芬
封面设计　周　灵
出版发行　浙江大学出版社
（杭州市天目山路 148 号　邮政编码 310007）
（网址：http://www.zjupress.com）
排　　版　杭州中大图文设计有限公司
印　　刷　虎彩印艺股份有限公司
开　　本　710mm×1000mm　1/16
印　　张　11.5
字　　数　181 千
版 印 次　2018 年 6 月第 1 版　2019 年 12 月第 2 次印刷
书　　号　ISBN 978-7-308-18059-7
定　　价　32.00 元
